国家自然科学基金青年科学基金项目资助（项目批准号

环境行政处罚、 环境信息披露 与企业价值

丁相安 ◎ 著

中国财经出版传媒集团
经济科学出版社
Economic Science Press
·北 京·

图书在版编目（CIP）数据

环境行政处罚、环境信息披露与企业价值 / 丁相安著. -- 北京：经济科学出版社，2025.5. -- ISBN 978-7-5218-7074-9

Ⅰ. F279.246

中国国家版本馆 CIP 数据核字第 2025GF0210 号

责任编辑：撒晓宇
责任校对：王肖楠
责任印制：范 艳

环境行政处罚、环境信息披露与企业价值

丁相安 著

经济科学出版社出版、发行 新华书店经销
社址：北京市海淀区阜成路甲 28 号 邮编：100142
总编部电话：010-88191217 发行部电话：010-88191522
网址：www.esp.com.cn
电子邮箱：esp@esp.com.cn
天猫网店：经济科学出版社旗舰店
网址：http://jjkxcbs.tmall.com
北京季蜂印刷有限公司印装
710×1000 16 开 13.75 印张 200000 字
2025 年 5 月第 1 版 2025 年 5 月第 1 次印刷
ISBN 978-7-5218-7074-9 定价：65.00 元
(图书出现印装问题，本社负责调换。电话：010-88191545)
(版权所有 侵权必究 打击盗版 举报热线：010-88191661
QQ：2242791300 营销中心电话：010-88191537
电子邮箱：dbts@esp.com.cn)

前　　言

作为降低信息不对称和强化公众监督的重要手段，企业环境信息披露被视为是实现环境治理的有效途径。政府一直致力于环境信息披露制度建设，但对我国企业环境信息披露缺乏强有力的监管，企业环境信息披露实践情况不容乐观。近几年，我国环境行政处罚案件数量逐年增多，受处罚的上市公司信息披露不规范、质量差等问题突出，对公司经济造成负面影响，这备受社会和学界关注。虽然有文献揭示了环境信息披露常被公司管理层操纵，用于实施印象管理和合法性管理等以应对危机。但是，环境行政处罚如何影响公司的环境信息披露？环境行政处罚在影响企业价值过程中，环境信息披露具有什么经济影响？文献中关于环境信息披露在环境行政处罚影响企业价值间的作用机制并不明确。

针对上市公司年度环境信息披露，本书首先研究了环境行政处罚对年度环境信息披露的影响，又研究了环境行政处罚如何通过环境信息披露影响企业价值，探讨了环境行政处罚下环境信息披露增量的经济影响。针对上市公司发布的环境受罚公告，研究了环境受罚公告中信息披露对公司股价的影响。本书的主要研究内容与结论可概括如下：

构建基于两维群聚校正标准误估计的回归模型，结合参数检验和基于倾向得分匹配法的内生性检验等，研究了环境行政处罚对上市公司环境信息披露影响。研究发现：第一，环境行政处罚提高了上市公司自愿性环境信息披露水平。第二，环境行政处罚降低了重污染行业上市公司的强制性环境信息披露水平。第三，环境行政处罚能够显著降低上市公司的环境信息披露质量，且环境行政处罚降低上市公司环境信息披露质量主要体现在削弱上市公司年度报告中（CSR报告、环境年报等）环境信息的相关性、可靠性和可理解性。本书给出了环境行政处罚影响上市公司环境信息披露行为的理论解释，拓展了合法性理论和印象管理理论在我国资本市场的适用性，也丰富了文献中关于企业环境信息披露影响因素的研究。

在理论分析环境信息披露影响公司价值机制与路径的基础上，构建中介效应模型，检验环境行政处罚在影响权益资本成本、债务资本成本、预期现金流量和公司价值过程中环境信息披露增量的中介效应，探讨环境行政处罚在影响企业价值过程中环境信息披露增量的经济影响。研究发现：第一，环境信息披露增量显著降低公司的资本成本，并增加公司的预期现金流，且环境信息披露增量在环境行政处罚影响企业价值过程中起到中介效应。第二，环境行政处罚提高了公司次年的权益资本成本和债务资本成本，并降低公司的预期现金流。第三，环境行政处罚降低企业价值可通过环境信息披露增量的中介效应这一路径实现，即通过增量为负的环境信息披露增加公司次年的权益资本成本和债务资本成本，并减少预期现金流量，最终损害了企业价值。该研究结论为提高上市公司和投资者对环境信息的重视，以及为监管受罚上市公司环境信息披露提供了实证依据。本发现不仅完善了文献中关于环境行政处罚影响企业价值的机制框架，也为公司环境信息披露的价值相关性提供了新视角下的证据，丰富了文献中对公司年度环境信息披露经济性的认知。

以受到环境行政处罚的上市公司为研究对象，本书采用事件研究法，研究了股价对环境行政处罚的反应，并构建回归模型，检验发布环境受罚公告与累计异常收益率间的关系，以及公告中信息披露与累计异常收益率的关系，从而揭示环境受罚公告中信息披露对公司股价的影响。本书发现：第一，环境行政处罚对股票市场产生负面冲击，这种负面冲击有超前性，即在受环境行政处罚之前股价就已开始下跌，并在受罚前两天股价短暂地回升，然后又下跌。第二，对于受地方（市级）环保部门行政处罚的上市公司，发布环境受罚公告有助于减弱处罚股价造成的负面冲击，发布公告并未损害公司市值。第三，环境受罚公告中信息披露对公司市值具有积极影响。在环境受罚公告中披露整改措施和处罚的影响等信息对股价有利，而且详细地披露这两类信息并未降低公司股价，反而提高了公司股价。在受到环境行政处罚后，公司披露整改措施等环境信息不是造成股价下跌的原因，违法信息非公开渠道泄露，不公告、不披露是导致股价下跌的主因。这一发现对公司环境信息披露具有经济影响这一论点提供了新的证据，也丰富了相关领域文献中对公司环境信息披露的认知，特别是披露受罚信息的经济性的认知。

根据研究结论，本书从上市公司环境信息披露实践、政府监管和投资者决策等方面提出了研究启示，为利益相关者了解环境受罚上市公司环境信息披露的经济性提供了理论依据，有助于上市公司和资本市场中投资者提高对环境信息披露的重视；也为中国上市公司的环境信息披露监管提供科学依据，为建立和健全环境信息披露制度提供理论支撑。

目　　录

第 1 章　绪论 ·· 1

　　1.1　研究背景与意义 ·· 1
　　1.2　相关概念界定 ··· 11
　　1.3　研究内容及逻辑关系 ··· 15
　　1.4　研究方法与技术路线 ··· 20

第 2 章　理论基础与文献综述 ··· 24

　　2.1　理论基础 ·· 24
　　2.2　环境信息披露的发展与测度 ··· 29
　　2.3　合法性管理与环境信息披露的研究与述评 ························ 35
　　2.4　印象管理与环境信息披露的研究与述评 ···························· 44
　　2.5　环境信息披露价值相关性的研究与述评 ···························· 51
　　2.6　负面环境事件对企业价值影响的研究与述评 ····················· 66
　　2.7　环境行政处罚、环境信息披露影响企业价值的机理 ·········· 70
　　2.8　本章小结 ·· 74

第 3 章　环境行政处罚对上市公司环境信息披露的影响研究 ········· 77

　　3.1　引言 ··· 77
　　3.2　理论分析与提出假设 ··· 78

3.3 研究设计 …… 82
3.4 实证结果与分析 …… 90
3.5 本章小结 …… 100

第 4 章 环境行政处罚对公司价值的影响：环境信息披露增量的中介效应 …… 102

4.1 引言 …… 102
4.2 理论分析与提出假设 …… 103
4.3 研究设计 …… 107
4.4 实证结果与分析 …… 116
4.5 本章小结 …… 138

第 5 章 环境受罚公告中信息披露对公司股价的影响研究 …… 140

5.1 引言 …… 140
5.2 理论分析与提出假设 …… 141
5.3 研究方法 …… 143
5.4 实证结果与分析 …… 146
5.5 回归分析 …… 149
5.6 本章小结 …… 155

第 6 章 研究结论与展望 …… 158

6.1 研究结论 …… 158
6.2 实践启示 …… 161
6.3 研究创新点 …… 170
6.4 研究展望 …… 173

附录 …… 175

参考文献 …… 176

第1章 绪　　论

1.1　研究背景与意义

1.1.1　研究背景

中国高速的经济增长带来的严重生态恶化、环境破坏引起了国内外高度的关注[①]。如何有效地控制环境污染一直是当前政策讨论的焦点。缺乏信息透明和公众监督势必是企业环境污染蔓延的温床，因此，环境信息披露制度也被广泛认为是实现污染治理的有效方法。中国政府一直致力于企业环境信息披露制度建设。2007年，国家环保局出台《环境信息公开办法》，要求重污染企业公开主要污染物排放方式和排放浓度等，对非重污染行业秉持自愿性公开原则。2010年出台《上市公司环境信息披露指南》对上市公司年度环境信息披露的内容和临时环境报告做了规范。2016年，央行、国家发展改革委和环保部等七部委出台了《关于构建绿色金融体系的指导意见》，要求逐步建立和完善上市公司环境信息披露制度，加大对

---

① Managi S., Kaneko S. Environmental performance and returns to pollution abatement in China [J]. *Ecological Economics*, 2009, 68 (6): 1643-1651. Diao X. D., Zeng S. X., Tam C. M. et al.. EKC analysis for studying economic growth and environmental quality: A case study in China [J]. *Journal of Cleaner Production*, 2009, 17 (5): 541-548.

伪造环境信息的上市公司的惩罚力度，以促进绿色金融的发展。2020 年 3 月，中共中央办公厅、国务院办公厅发布《关于构建现代环境治理体系的指导意见》，明确提出了要建立完善上市公司强制性环境治理信息披露制度。我国环境信息披露制度仍在不断在完善，环境信息披露服务于污染治理的程度，则很大程度依赖于企业高质量的环境信息披露。

环境行政处罚作为环境管制手段，是一种约束企业环境的行为，也是实现污染治理的强有力办法。2014 年全国人大常委会审议通过《中华人民共和国环境保护法》，并于 2015 年 1 月 1 日起实施。"新环保"法赋予了环保部门更多的职责和权限，加大了环保查处打击的力度。全国环保部门依法查处环境案件数量实现大幅增长。环境行政处罚不仅意味着罚金，对企业的影响牵一发而动全身。在行政管理层面，企业因绿色生产享受的税收优惠、补贴、用地用电用水优惠等均可能受到影响；在市场层面，企业进入供应链体系或将因此受阻，消费者也会"用脚投票"；在资本市场上，直观的表现是被投资者抛售，更会对企业发债、银行信贷等造成影响。由此，行政处罚给企业价值链带来多重影响，可能最终影响企业价值增值。环境行政处罚如何影响以及通过什么路径影响是学术界和实务界关注的重要问题。

环境信息披露制度和环境行政处罚都可用于解决环境污染问题。政府通过要求企业环境信息披露，可以为投资者提供决策有用信息，进而引导资本市场中资金流向环保企业。特别是受到环境行政处罚后，企业环境信息披露变得尤为重要。对于大多数利益相关者，获取环境处罚信息的渠道只有企业公开披露的环境信息。投资者做决策很大程度上需依靠企业的环境信息判断投资风险，进而预测未来潜在的损益。若环境处罚信息或受罚企业的环境绩效等信息不能及时对外披露，则无法对投资者起到警示作用。那么，投资者将承担信息不对称导致的风险溢价，这可能有损资本市场可持续发展。

尽管受罚企业的信息披露如此重要，但是我国受处罚上市公司环境信息披露中所反映出的问题饱受诟病。一方面，受处罚的公司不愿意披露与环境受罚相关的信息。据上海青悦数据中心发布的《上市公司年报环境信息披露检查报告》，近几年3620家上市公司中共发现2878条上市公司及其下属子公司的环境行政处罚记录。在已发现的环境处罚中，有2355条处罚未披露，未披露率高达82%。另一方面，公司受罚后环境信息披露不规范、质量差等问题对公司造成不良影响的现象屡见不鲜。除了受罚信息，投资者也关心重大环境问题发生情况、环境影响评价、污染物达标排放、环境绩效和环境管理情况等类别信息。投资者、公众等呼吁公开透明受罚企业的环境绩效、环境管理情况信息，这也将受罚上市公司的环境信息披露问题推到了风口浪尖，这些都反映了广泛的利益相关者对企业高质量环境信息披露的强烈诉求。

信息披露操纵是学术界关注的热点话题。环境信息披露是公司与外界利益相关者沟通的平台，公司可以借助信息披露回应利益相关者关切。然而，合法性理论的文献认为，环境信息披露可以被公司用于获取合法性[①]。迪根和兰金（Deegan and Rankin，1996）较早开展了环境信息披露与企业合法性的研究[②]。在此之后，以迪根和伊森兰（Deegan and Islam，2008）为代表的众多学者认为，公司年度环境报告中的环境信息披露可以作为一种自利性工具来应对合法性威胁[③]。此外，印象管理理论的文献提出，公

---

① Deegan C. The legitimising effect of social and environmental disclosures-a theoretical foundation [J]. *Accounting，Auditing & Accountability Journal*，2002，15（3）：282 – 311. O'Dwyer B. Managerial perceptions of corporate social disclosure：An Irish story [J]. *Accounting，Auditing & Accountability Journal*，2002，15（3）：406 – 436. O'Donovan G. Environmental disclosures in the annual report：Extending the applicability and predictive power of legitimacy theory [J]. *Accounting，Auditing & Accountability Journal*，2002，15（3）：344 – 371.

② Deegan C.，Rankin M. Do Australian companies report environmental news objectively：An analysis of environmental disclosures by firms prosecuted successfully by the Environmental Protection Authority [J]. *Accounting，Auditing & Accountability Journal*，1996，9（2）：50 – 67.

③ Islam M. A.，Deegan C. Motivations for an organisation within a developing country to report social responsibility information Evidence from Bangladesh [J]. *Accounting，Auditing & Accountability Journal*，2008，21（6）：850 – 874. Deegan C.，Rankin M.，Tobin J. An examination of the corporate social and environmental disclosures of BHP from 1983 – 1997：A test of legitimacy theory [J]. *Accounting，Auditing & Accountability Journal*，2002，15（3）：312 – 343.

司会采取印象管理策略操纵对外披露的环境信息来混淆公司实际的环境绩效,并追求自身利益最大化。如果公司管理者想隐藏负面的信息,他们会通过操纵年度环境报告的内容、修辞、语言、篇幅和视觉感受等增加阅读难度或自利归因提供不完备的信息以混淆视听。虽然,相关文献提供了公司操纵环境信息披露进行合法性管理和印象管理的证据,但鲜有文献揭示环境行政处罚如何影响上市公司的环境信息披露。对环境信息披露的操纵常被用于危机沟通策略。环境行政处罚能扰乱公司的生产经营,从而降低经营收入,且受到处罚的公司最终还是要为环境违法行为"买单",承担相应的违法成本。以盈利为目的公司大多会采取措施或策略以减少环境行政处罚所带来的负面效应,而对披露环境信息的操纵常被企业视为一种策略。佩洛扎（Peloza, 2006）[1]、斯通等（Stone et al., 2015）[2] 和李等（Lee et al., 2015）[3] 发现,危机情境下环境信息披露被用于减轻负面事件对公司价值造成的潜在危害。

自从阿米尔和列夫斯（Amir and Lev's）、理查森等（Richardson et al.）[4] 提出非财务信息具有价值相关性以来[5],许多学者研究了定期报告（年度报告、可持续发展报告或企业社会责任报告等）中自由裁量的环境信息披露在影响企业价值中起到的作用（Aerts et al., 2008[6]; Clarkson et al.,

---

[1] Peloza J. Using corporate social responsibility as insurance for financial performance [J]. *California Management Review*, 2006, 48 (2): 52 – 72.

[2] Stone M., Erickson S. L., Thorwick M. An examination of Pfizer's crisis communication strategies in the Celebrex case [J]. *American Journal of Management*, 2015, 15 (1): 11 – 23.

[3] Lee S. Y., Park Y. S., Klassen R. D. Market responses to firms' voluntary climate change information disclosure and carbon communication [J]. *Corporate Social Responsibility and Environmental Management*, 2015, 22 (1): 1 – 12.

[4] Richardson A. J., Welker M., Hutchinson I. R. Managing capital market reactions to corporate social responsibility [J]. *International Journal of Management Reviews*, 1999, 1 (1): 17 – 43.

[5] Amir E., Lev B. Value-relevance of nonfinancial information: The wireless communications industry [J]. *Journal of Accounting and Economics*, 1996, 22 (3): 3 – 30.

[6] Aerts W., Cormier D., Magnan M. Corporate environmental disclosure, financial markets and the media: An international perspective [J]. *Ecological Economics*, 2008, 64 (3): 643 – 659.

2013[①]；Qiu et al.，2016[②]）。近年来，国内文献中对环境信息披露的价值相关性研究越来越多，但鲜有文献涉及环境行政处罚下年度环境信息披露对企业价值影响的研究。虽有文献表明环境信息披露常被公司操纵用于印象管理和合法性管理等以应对危机[③]，但是在环境行政处罚影响公司价值过程中，环境信息披露的作用是什么？相关文献对环境信息披露在环境行政处罚影响企业价值中的作用机理并不明确。

企业价值的外在表现即是企业的市场价值。在我国资本市场，上市公司市值与内在价值普遍偏离。为了避免因市值过于偏离内在价值而有损股东财富、利益相关者利益，上市公司应通过充分的信息披露使公司的内在价值在资本市场中得到恰当反映，并有一个合理、稳定的溢价。根据尤金·法玛（Eugene Fama）等[④]提出的有效市场理论，股票市场中最新的信息将及时、准确和充分地反映在股票价格中，无论正面还是负面的新信息都会引

---

① Clarkson P. M.，Fang X.，Li Y. et al.. The relevance of environmental disclosures: Are such disclosures incrementally informative？［J］. *Journal of Accounting and Public Policy*，2013，32（5）：410－431.

② Qiu Y.，Shaukat A.，Tharyan R. Environmental and social disclosures: Link with corporate financial performance［J］. *British Accounting Review*，2016，48（1）：102－116.

③ Deegan C.，Rankin M. Do Australian companies report environmental news objectively: An analysis of environmental disclosures by firms prosecuted successfully by the Environmental Protection Authority［J］. *Accounting*，*Auditing & Accountability Journal*，1996，9（2）：50－67. Neu D.，Warsame H.，Pedwell K. Managing Public Impressions: Environmental Disclosures in Annual Reports［J］. *Accounting*，*Organizations and Society*，1998，23（3）：265－282. Merkl－Davies D. M.，Brennan N. M.，Mcleay S. J. Impression management and retrospective sense-making in corporate narratives: A social psychology perspective［J］. *Accounting*，*Auditing and Accountability Journal*，2011，24（3）：315－344. Leung S.，Parker L.，Courtis J. Impression management through minimal narrative disclosure in annual reports［J］. *British Accounting Review*，2015，47（3）：275－289. Warsame H.，Neu D.，Simmons C. V. Responding to "Discrediting" Events: Annual Report Disclosure Responses to Environmental Fines［J］. *Accounting & the Public Interest*，2002，2（1）：22－40. Cho C. H. Legitimation Strategies Used in Response to Environmental Disaster: A French Case Study of Total SA's Erika and AZF Incidents［J］. *European Accounting Review*，2009，18（1）：33－62. Villiers C. de，Van Staden C. J. Where firms choose to disclose voluntary environmental information［J］. *Journal of Accounting and Public Policy*，2011，30（6）：504－525.

④ Fama E. F.，Fisher L.，Jensen M. C et al.. The adjustment of stock prices to new information［J］. *International Economic Review*，1969，10（1）：1－21.

起股票价格的异常波动。弗里德曼和帕滕（Freedman and Patten，2004）[1]、格里芬和森（Griffin and Sun，2013）[2]、拉杜安和内克里立等（Radhouane and Nekhili et al.，2018）[3]的研究揭示公司市值受到环境信息披露的影响。但因不同国家环境信息披露制度的差异，相关实证文献的研究结论存在争议。那么，股票市场对环境行政处罚事件有什么反应？上市公司在环境受罚公告中信息披露对公司市值有何影响？文献中缺乏相关的探究，问题有待进一步揭示。

本书围绕上市公司的年度环境信息披露和环境受罚公告中的信息披露，对环境行政处罚和环境信息披露如何影响企业价值开展了系统研究，以期丰富学界对企业环境信息披露经济性的认知，也为我国政府、相关部门进行环境监管提供启示。

1.1.2 问题提出

问题一：现实中，环境行政处罚对上市公司环境信息披露有影响，是如何影响的？

企业环境违法行为具有负外部性，政府通过行政手段惩罚环境违法行为，企业最终还是要为环境违法行为"买单"，承担相应的违法成本及费用。企业以盈利为目的，通常会采取措施，或实施策略以减少处罚给企业带来的负面影响。研究发现，公司年度环境信息披露可以作为环境策略来缓解合法性危机，或自利性工具以获得合法性。根据合法性理论，企业在受到环保部门起诉、监管罚款、面临环境事故或环境危机的情况下会增加

---

[1] Freedman M., Patten D. M. Evidence on the pernicious effect of financial report environmental disclosure [J]. *Accounting Forum*，2004，28（1）：27 – 41.

[2] Griffin P. A., Sun Y. Going green：Market reaction to CSRwire news releases [J]. *Journal of Accounting and Public Policy*，2013，32（2）：93 – 113.

[3] Radhouane I., Nekhili M., Nagati et al.. The impact of corporate environmental reporting on customer-related performance and market value [J]. *Management Decision*，2018，56（7）：1630 – 1659.

某些环境信息披露。也有研究发现，公司管理层会采用印象管理策略，混淆实际的环境绩效以追求自身利益最大化；也通过提高年度环境报告的阅读难度，或提供不完备的信息以混淆、隐瞒公司负面信息。

那么，环境行政处罚如何影响上市公司年度环境信息披露？此外，环境信息具有多维质量属性。在众多环境信息质量特征中（相关性、可靠性、可理解性、可比性、平衡性和完整性），哪些信息质量特征受到环境行政处罚的影响？对此问题有待进一步挖掘。

为了弥补目前研究的不足，本书以合法性理论与印象管理理论为理论基础，从环境信息披露水平和环境信息披露质量方面，揭示环境行政处罚对上市公司环境信息披露的影响，并识别出究竟哪些环境信息质量特征受到环境行政处罚的影响。

问题二：现实中，上市公司受到环境行政处罚后其年度环境信息披露不规范、质量差等问题在资本市场和产品市场都有恶劣经济影响。那么，环境行政处罚是否通过环境信息披露影响公司价值？环境行政处罚在影响公司价值过程中，环境信息披露增量起到什么作用？

在企业环境信息披露的经济影响的研究方面，学者在环境信息披露影响企业价值的"折现率效应"和"现金流量效应"方面做了广泛研究和探讨，这类研究认为环境信息披露可以通过增加预期现金流，并降低权益资本成本和债务资本成本，实现公司价值的增加。但也有学者的研究发现，环境信息披露与权益资本成本和债务资本成本无相关性。目前相关研究仅探究了年度环境信息披露总量的价值相关性。在我国，很多上市公司的社会责任报告或年度环境报告在不同年份变化不大，除了具体的事项和数字变动，表述几乎不做调整。真正变化的环境信息披露部分（信息披露增量）能够为信息需求者提供额外的信息，对股东、债权人等利益相关者而言更有价值，也是环境信息具有价值相关性的关键。此外，环境信息披露增量是否具有价值相关性也在于资本市场能否识别、如何对待环境信息披露的差异，以及利益相关者是否将环境信息披露增量用于投资决策。因此，不同于以往的研究，本书从年度披露增量的角度探究年度环境信息披露的经济影响。

上市公司在受到环境行政处罚后，无论进行合法性管理还是印象管理，在此期间对环境信息披露的操纵都会影响环境信息披露水平和环境信息披露质量，进而产生了环境信息披露增量。那么，环境行政处罚在影响公司价值过程中，环境信息披露增量是否发挥了中介效应？这一过程的作用机制在文献中尚未得到解决，是本书要研究的问题。

问题三：现实中，上市公司在受到环境行政处罚后不发布环境受罚公告，回避对环境受罚有关信息的披露。这种不充分的信息披露可能无法使公司的内在价值在资本市场中得到恰当反映，这可能损害了股市中部分投资者的利益。那么，上市公司受到环境行政处罚后，在环境受罚公告中信息披露对公司股价（每股市值）有何影响？

在关于负面环境事件对公司股票市场影响的文献中，大部分的研究发现公司市值或股东利益受到意外事件、环境事故等的负面影响。然而，也有研究发现，股票市场受到负面环境事件的影响微乎其微。相关的研究对此存在争议，可能是由以下原因导致的：其一，研究混淆了公告中信息披露的股市影响和事件的股市影响，未能从中辨别公告中信息披露的真正影响。其二，绝大部分研究中，负面环境事件类信息披露的主体是政府以及媒体，而非公司自我披露。新闻媒体揭露、政府公开企业环境违法信息和自我披露对公司股市的影响不同。

环境受罚公告中信息披露是投资者、利益相关者了解公司受罚相关情况的渠道。在环境受罚公告中，上市公司披露公司采取的整改措施信息以及处罚对公司生产经营影响等信息，这是企业积极应对合法性危机的体现，有助于解决环境违法问题。然而，环境事故、法律诉讼等不当行为的公告也被视为政府管制的补充，是监管机构将环境负外部性内化的行政手段，具有"威慑效应"。那么，上市公司受到环境行政处罚后，在环境受罚公告中信息披露对公司股票市场有何影响？是否会损害公司市值？对此问题还有待进一步揭示。

1.1.3 研究意义

1. 理论意义

理论界关于企业环境信息披露的"角色"持有不同观点,究竟是实施印象管理、合法性管理的工具或产物?还是用于如实反映企业真实环境情况?文献中对此的争论从未停止。学界针对不同制度背景、情境和视角开展的研究,试图解释企业环境信息披露行为背后所藏的动机。然而,对于受环境行政处罚的情况,文献中缺乏对企业的环境信息披露行为的理论解释。本书研究环境行政处罚对上市公司环境信息披露的影响,既有助于拓展合法性理论、印象管理理论等理论在我国的适用性,又可丰富文献中关于企业环境信息披露动机和作用研究。

本书以环境行政处罚为研究视角,系统地探究年度环境信息披露和环境受罚公告中信息披露在环境行政处罚影响企业价值中的作用,具有以下理论意义。第一,考虑到基于发达国家背景的研究在中国管理情境下的解释力和适应性不足,因此本书基于中国背景,并以环境行政处罚为研究视角,从环境信息披露影响企业价值的三大路径(权益资本成本、债务资本成本和预期现金流量)开展系统的研究,这有助于补充并进一步完善文献中关于环境行政处罚影响企业价值的机制。第二,本书探究环境受罚公告中披露信息在缓解处罚对股票市场冲击的作用,这有助于丰富关于环境受罚信息的经济影响的研究,以及拓展相关文献中对环境信息披露经济性的认知,特别是受罚信息披露经济性的认知。

2. 现实意义

第一,本书为中国上市公司的环境信息披露监管提供科学依据,也为建立和健全环境信息披露制度提供理论支撑。

当下，我国环境保护、生态治理的形势依旧严峻，经济增长转型势在必行。在这个过程中需要有大量资金投入绿色环保产业，以改变污染型的产业结构。仅靠财政资金绿色投资难以为继。因此，大部分的绿色投资资金来源需要依靠社会资本，而对此达成的共识是借助绿色金融体系吸引大量社会资本投入绿色环保产业。2015 年，中共中央、国务院印发的《生态文明体制改革总体方案》，明确了建立我国绿色金融体系的总体战略，旨在通过利用各种金融工具为公司提供融资服务，配套相关政策降低绿色环保企业的融资成本，以及强化资本市场向绿色环保产业配置资金的能力。然而，绿色金融中金融工具的作用发挥，需要以资本市场有效识别绿色环保企业和绿色项目为基础。只有为资本市场提供高透明度的企业环境信息，投资者才能辨别哪些是绿色环保企业，哪些是绿色项目，才能减少投资者对污染型企业的投资，进而使得投资资金流向绿色环保企业。

公司披露环境信息有助于降低因信息不对称而产生的环境管理风险、决策风险等，因而对投资者决策有用。然而，目前我国的上市公司环境信息披露监管制度尚不完善，给受罚上市公司操纵环境信息披露留有了可乘之机。受罚公司操纵年度环境信息披露，或在环境受罚公告中隐藏受罚信息等误导投资者决策，损害了部分不知情投资者的利益。公司环境信息不公开透明使得信息不对称，可能造成"劣币驱良币"和"逆向选择"等问题，严重损害了我国资本市场的健康发展。因此，规范并提高受罚上市公司环境信息披露质量是保护投资者利益、维护我国绿色金融健康发展的重要手段。针对现实中存在的这些环境信息披露乱象，本书研究上市公司环境信息披露是否受到环境行政处罚的影响，揭示上市公司环境信息披露操纵的动机。这既有助于政府相关部门制定有针对性的信息披露监管政策来保护投资者利益，对改善受罚上市公司环境信息披露具有重要启示和现实意义。

第二，本研究对环保受罚公司了解其环境信息披露的经济性提供了理论依据,有助于上市公司和资本市场中投资者提高对环境信息披露的重视。

现实中,受环境行政处罚上市公司的环境信息披露存在质量差、不规范、不真实和不完整等突出问题。部分受处罚的公司肆意操纵环境信息披露,或将信息披露用于"掩人耳目",或用以自利目的"管理工具"等,因此信息披露操纵可能损害公司价值。

因此,本书拟探究年度环境信息披露在环境行政处罚影响公司价值中的中介作用,以及研究环境受罚公告中信息披露对公司股价的影响。通过研究揭示环境行政处罚下上市公司环境信息披露的经济影响和作用,期望有助于提高上市公司、投资者等利益相关者对环境信息披露经济性的认知,也可为政府有关部门引导企业履行环境信息披露责任提供科学指导。

1.2 相关概念界定

1.2.1 环境行政处罚

环境行政处罚隶属于行政处罚范畴。2010 年,环境保护部根据《中华人民共和国行政处罚法》及有关法律法规,制定了《环境行政处罚办法》,对环境行政处罚的实施作了明确的规范。依据中国环境保护法律法规的规定,环境行政处罚的执行主体是县级以上环境行政主管部门,以及其他有环保监管权的行政部门以及县级以上人民政府。环境行政处罚只能由法定的环境执行主体按法定的程序作出并执行。在我国,环境执法主体做出处罚决定所应经过的正常的基本程序(一般程序)是:立案、调查取证、审查调查结果、环境行政部门制作行政处罚决定书,并按期送达。按照《环境行政处罚办法》(2010 年修订)中的规定,我国环境行政处罚的主要形式有警告、罚款、没收违法所得、没收非法财物、责令停产整顿、暂扣和吊销许可证，以及行政拘留等其他具体形式。

《环境行政处罚办法》中未明确环境行政处罚的概念，许多学者对环境行政处罚的概念进行定义。张梓太（1994）将环境行政处罚定义为：国家行政机关依法对违反环境法或其他行政管理法应受罚的行政管理相对人加以的行政制裁[1]；蔡守秋（2000）将环境行政处罚定义为：环境执法主体针对违反环境法的公民、法人和组织等客体，并且该客体的行为尚未构成犯罪而实行的行政制裁[2]；程雨燕（2013）认为环境行政处罚是环境保护监督管理部门对违反环境法，但尚未构成犯罪的个人或单位所采取的行政制裁[3]；苏忠华（2018）将环境行政处罚定义为：环境行政保护主管部门根据环境法律法规，采取法律手段对违反法律法规，但尚未构成犯罪的个人、法人或组织所实行的一种法律制裁[4]。结合以上观点，本书将环境行政处罚概念定义为：环保行政机关依据环保法规对违反相应环境保护法律法规的个人或组织作出的行政制裁。

1.2.2 环境信息披露

企业环境信息披露起源于环境会计研究领域。比姆斯和费尔蒂希（Beams and Fertig, 1971）以及马林（Marlin, 1973）较早在会计领域对环境污染的社会成本开展研究，但是首次进入实务界的却并非环境要素的确认、计量和记录，而是企业环境信息披露问题，即对外公开企业在生产、运营过程中对自然、环境所产生影响的信息。

美国、日本和欧洲部分国家较早开始要求企业进行环境信息披露。我国企业环境信息披露制度建立较晚。《关于企业环境信息公开的公告》

---

[1] 张梓太. 论我国的环境行政罚则 [J]. 江苏社会科学, 1994 (4): 43–48.
[2] 蔡守秋. 环境资源法学教程 [M]. 武汉：武汉大学出版社, 2000.
[3] 程雨燕. 环境行政处罚制度研究 [M]. 广东：广东人民出版社, 2013.
[4] 苏忠华. 我国环境行政处罚研究 [D]. 兰州：兰州大学, 2018.

(2003年)是我国首个关于企业环境信息披露的规范性文件；国家环境保护局于2007年颁布了《环境信息公开办法（试行）》，2010年又出台了《上市公司环境信息披露指南（征求意见稿）》。按照法律、法规和章程可将我国上市公司的年度环境信息披露分为强制性披露和自愿性披露，这两类均隶属定期披露。强制性披露是指上市公司必须遵循相关法律、法规和章程中的披露规定对外披露自身的环境信息，例如：重大环境问题发生情况、环境影响评价和"三同时"制度执行情况和污染物达标排放情况等信息。自愿性披露是指公司自愿对外的披露，法规和章程对信息披露的内容不做强制性要求，如环保目标、环境管理情况和环境绩效情况等信息。

除了年度环境信息披露，另一类环境信息披露是临时环境信息披露。临时环境信息披露通常是以上市公司对外发布公告的形式存在。在我国，沪深A股上市公司不仅要对外进行年度环境信息披露，在收到环境行政处罚决定书后，也要在环境受罚公告中披露与受罚有关的信息。基于中国上市公司环境信息披露的规章制度，本书所研究的环境信息披露不仅包括年度环境信息披露，也包括环境受罚公告中的信息披露。根据研究的主题，将环境信息披露界定为：上市公司依据环境信息披露相关的法律法规以及有关规定，所进行的年度环境信息披露和环境受罚公告中的信息披露。

1.2.3 企业价值

经济学中对企业（公司）价值较为普遍的定义为：企业预期现金流量以其加权平均资本成本为贴现率进行折现后的现值为企业价值。其中，资本成本既包括权益资本成本，也包括债务资本成本。在这一定义下，权益资本成本、债务资本成本和预期现金流量既是企业内在价值的构成要素，也是企业内在价值的具体体现形式。

市场价值是企业内在价值的外在表现，或者说是内在价值的市场表现。上市公司市值等于股价乘以发行总股数，而公司市值随股价的波动而变化。因此，公司市场价值的体现形式为公司的股价。

在投资者做投资决策时，主要以公司市场价值和内在价值作为决策依据。对于价值投资者而言，公司的内在价值是其进行投资决策的决定性因素，而短期投资者对公司的市场价值更为关注。此外，市值已成为衡量公司股东财富、管理层绩效的一种标杆，市值管理是上市公司经营管理的重点。因此，公司内在价值与公司市场价值对于投资者等利益相关者都同样重要。

综上分析，本书从企业内在价值和市场价值两大维度，从权益资本成本、债务资本成本、预期现金流量和公司股价这四个方面来衡量企业价值。为了更全面地揭示环境行政处罚、环境信息披露对企业价值的影响，本书将从企业内在价值和市场价值两方面展开，既研究环境信息披露在环境行政处罚影响公司内在价值中的中介效应，又研究环境受罚公告中信息披露对公司股价（每股市场价值）的影响。

1.2.4 环境信息披露的经济影响

理查森等（Richardson et al., 1999）最先提出环境信息披露的价值相关性假说[①]，认为环境信息披露存在"市场过程效应""折现率效应"和"现金流量效应"，即环境信息披露通过权益资本成本、预期现金流量，以及证券市场的投资者偏好和价格暗示影响公司价值。

本书认为环境信息披露对公司经济的影响是多方面的，但最终体现在对公司价值的影响上。文献中，环境信息披露的经济影响普遍指的是对与公司价值最直接相关的经济因素的影响。考虑到公司的内在价值等于其未来净现金流量的现值之和，且学术界也普遍认为资本成本、预期现金流量能够体现出公司的内在价值，股价能够体现公司的市场价值。因此，本书讨论的环境信息披露的经济影响是指环境信息披露对权益资本成本、债务资本成本、预期现金流量和股价的影响。

依据我国政府对上市公司环境信息披露的有关规定，沪深 A 股上市公司环境信息披露包括年度披露和临时披露两类。年度环境披露涵盖上市公司在一个会计年度生产、经营过程中涉及的所有与环境相关的信息。临时披露也就是环境受罚公告中的信息披露。本书分别从年度环境信息披露和环境受罚公告中信息披露这两方面对上市公司环境信息披露的经济影响进行探讨。

一方面，针对年度环境信息披露经济影响的研究，是以年度环境信息披露对公司内在价值的影响为主线，将权益资本成本、债务资本成本和预期现金流量与环境信息披露建立联系，研究环境行政处罚在影响公司内在价值过程中环境信息披露的作用。具体而言，年度环境信息披露的经济影响是指：环境信息披露增量在环境行政处罚影响公司价值（内在价值）中的中介效应。

另一方面，考虑到环境信息披露存在"市场过程效应"，而且市值是公司内在价值的市场表现，也是公司价值中关键的部分。因此，本书不仅探究了年度环境信息披露对公司内在价值的影响，还探究了环境受罚公告中信息披露对公司股价（每股市场价值）的影响。具体而言，环境受罚公告中信息披露的经济影响是指：环境受罚公告中信息披露对公司股价的影响。在这部分的研究中，本书采用事件研究法，通过股票异常收益率反映对公司股价的影响。

1.3　研究内容及逻辑关系

1.3.1　研究内容

本书以环境行政处罚为研究视角，首先研究了环境行政处罚对上市公司环境信息披露的影响。在此基础上，实证检验了上市公司的环境信息披露是否以及如何降低环境行政处罚带来的相应的经济影响,即对公司股价、资本成本和预期现金流量这几个方面的影响。研究框架如图1-1所示。

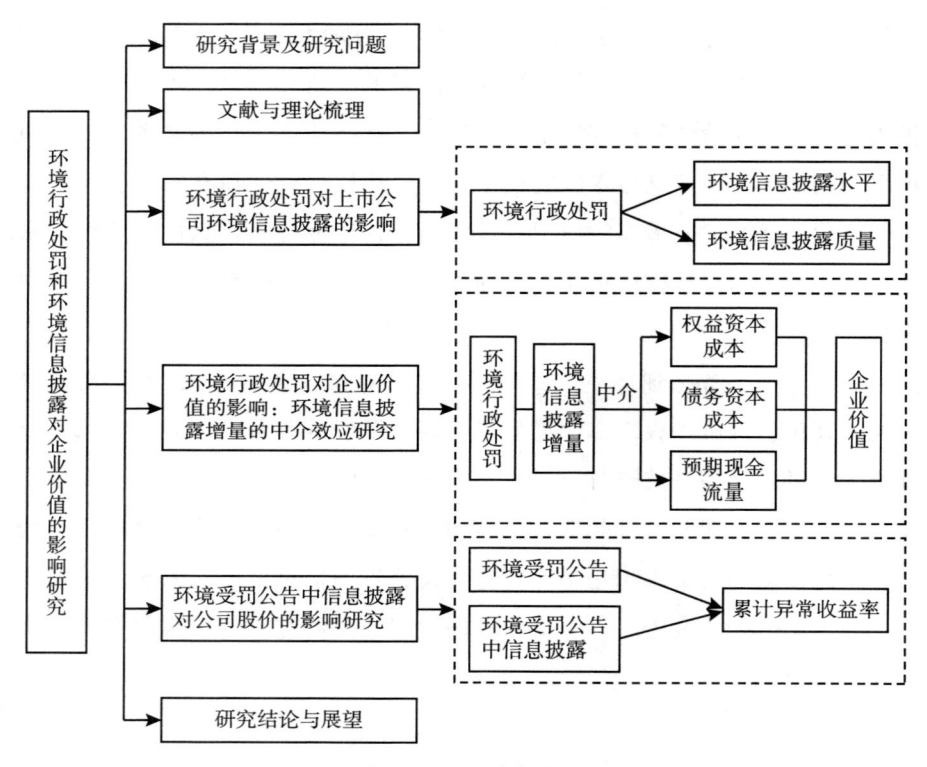

图1-1 研究框架

本书共分为六章,各章节主要内容如下:

第1章,绪论。本章介绍了选题背景、研究意义,对环境信息披露、环境行政处罚和公司价值等概念进行界定;介绍了本书的研究内容与各部分内容之间的关联;介绍了本书的采用的研究方法与技术路线。

第2章,理论基础与文献综述。本章对外部性理论、信息不对称理论、利益相关者理论进行了梳理,为研究的开展提供理论基础。此

第 1 章　绪　论

外，针对研究背景中主要涉及的现实问题和学术问题，对相关的研究进行了回顾。通过对前人研究成果的归纳找出研究中的不足，为本书的实证研究做出铺垫；基于现有文献中对企业环境信息披露测度的研究，确定了基于内容分析法的测度方法和基于信息质量特征体系的环境信息披露质量测度方法；梳理文献基础上总结环境信息披露影响公司价值的路径与机制，为本书从股价、权益资本成本、债务资本成本和预期现金流量的角度将环境信息披露与公司价值建立联系提供理论支持。

第 3 章，环境行政处罚对上市公司环境信息披露的影响研究。首先，进行理论分析并提出研究假设，以我国沪深 A 股制造业上市公司为研究对象，从信息质量和信息水平两方面对环境信息披露进行测度。其次，按照行业类型区分自愿性环境信息披露与强制性环境信息披露，采用两维群聚校正标准误估计的回归、独立样本 t 检验等方法，检验了环境行政处罚对上市公司环境信息披露水平和环境信息披露质量的影响。最后，基于倾向得分匹配法的内生性检验以及再次分组回归检验均验证了结果的稳健性。

第 4 章，环境行政处罚对公司价值的影响：环境信息披露增量的中介效应。首先，理论分析了环境信息影响公司内在价值机制与路径，在此基础上提出研究假设。其次，构建环境信息披露增量的中介效应检验模型，分别检验了环境信息披露增量在环境行政处罚影响权益资本成本、债务资本成本、预期现金流量和公司价值中的中介效应，并采用两阶段最小二乘法进行内生性检验以及稳健性检验。最后，对研究结果进行了分析和讨论。

第 5 章，环境受罚公告中信息披露对公司股价的影响研究。本章以受到环境行政处罚的上市公司为研究对象，采用事件研究法，计算股票的异常收益率和累计异常收益率，对窗口期内累计异常收益率进行 t 检验；对发布公告的公司与未发布公告公司的累计异常收益率的趋势进行比较分析；构建多元回归模型，检验发布受罚公告与累计异常收益率间的相关关系，以及检验受罚公告中信息披露与累计异常收益率之间的相关关系。最后，对研究结果进行了分析和讨论。

第6章，研究结论与展望。本章总结了研究的主要发现，并在此基础上提出有针对性的政策建议和实践启示。本章还梳理了研究的主要创新要点，并针对研究存在的不足提出未来可能的研究方向。

1.3.2 逻辑关系

根据我国政府对上市公司环境信息披露的规定，沪深A股上市公司环境信息披露包括年度披露和临时披露两大类。年度环境信息披露涵盖上市公司在一个会计年度生产、经营过程中涉及的所有与环境相关的信息，包含公司的环境绩效、环境业绩、环境管理状况和具体的污染排放信息等。临时披露一般用于紧急公告重要的环境事项，具有简洁性、及时性等特点。在本书中，临时披露是指在上市公司在环境受罚公告中的信息披露。上市公司年度环境信息披露和临时披露两者在内容、形式和功能上都存在显著的差异。

根据上市公司环境信息披露的年度披露和临时披露，本研究可分成两条研究线。

针对上市公司年度环境信息披露，本书进行了两方面的研究。首先，研究了环境行政处罚对上市公司环境信息披露的影响（第3章）。在此基础上，又研究了环境信息披露增量在环境行政处罚影响公司内在价值过程中的中介效应（第4章）。公司的内在价值为公司预期现金流量以资本成本为贴现率折现后的现值之和，在这一定义下，权益资本成本、债务资本成本和预期现金流量既是公司内在价值的构成要素，也是公司内在价值的具体体现形式。所以，在第4章的研究中，选取权益资本成本、债务资本成本和预期现金流量分别与环境信息披露建立联系，来研究环境信息披露

第 1 章 绪　论

是否以及如何降低处罚带来的相应的经济影响，即对权益资本成本、债务资本成本和预期现金流量的影响。

针对环境受罚公告，研究了上市公司发布环境受罚公告、公告中信息披露对公司股价的影响。公司市值是公司内在价值的市场表现，而公司市场价值的体现形式即为公司股价（每股市值）。因为环境受罚公告对公司价值的影响具有较强的时效性，通常在股票市场中对公司股价产生短期的影响，使股价在事件窗内产生异常变动。因此，本书将环境受罚公告中信息披露与公司股价建立联系，基于股票异常收益率来反映对股价的影响/反映对公司市场价值的影响。

本书主要章节的研究具有内在关联。如图 1-2 所示。第 3 章和第 4 章的研究旨在揭示环境行政处罚对年度环境信息披露的影响，以及环境信息披露增量在处罚影响公司内在价值中的中介作用。因此，第 3 章和第 4 章之间是递进关系。第 4 章和第 5 章分别从公司内在价值和市场价值两大维度展开，从权益资本成本、债务资本成本、预期现金流量和公司股价这四个方面来衡量公司价值，既研究年度环境信息披露在环境行政处罚影响公司内在价值中的中介作用，又研究环境受罚公告中信息披露对公司股价的影响。第 4 章和第 5 章在本质上探究的是环境行政处罚在影响公司价值过程中两类环境信息披露的作用。但不同的是，第 5 章聚焦于公司市值，第 4 章则聚焦于公司内在价值。

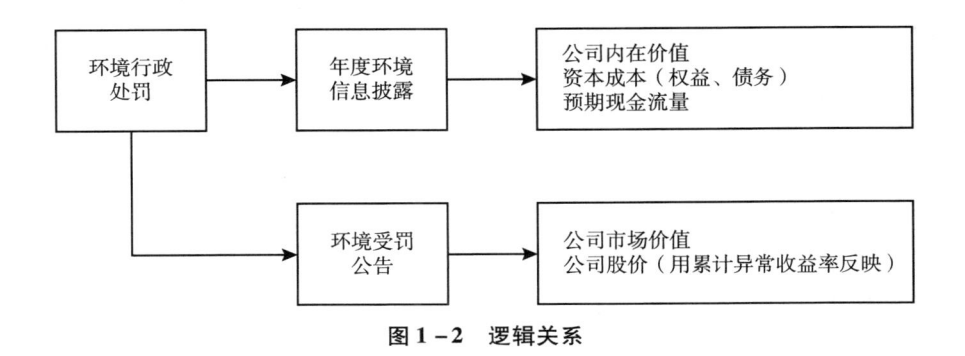

图 1-2　逻辑关系

1.4 研究方法与技术路线

1.4.1 研究方法

本书以相关文献、相关理论和统计资料为基础,借助 Stata、SPSS 等统计分析软件,以计量经济学模型为主要手段,研究环境行政处罚下上市公司的环境信息披露及其经济影响。本书涉及的主要的研究方法可概括为文献研究法、内容分析法和定量统计分析法。

1. 文献研究法

文献研究法是一种科学研究方法,通过系统地查阅和分析相关文献资料来获取必要信息,旨在全面且准确地把握所研究问题的核心内容和本质规律。文献研究法法着重于对既有研究成果的整合与剖析,以深入揭示研究问题的内在本质和发展规律。本书通过检索国内外相关的研究,梳理了相关领域的研究现状,明确了研究的侧重点;找出目前文献中研究的不足,为研究问题的提出提供依据。本书以合法性理论、印象管理理论、信息不对称理论和利益相关者理论等为理论基础,发展研究假设,构建我国公司环境信息披露的理论观点。

2. 内容分析法

内容分析法是一种系统、客观的质性或量化研究方法,通过分析文本、图像、音视频等数据,揭示其隐含模式、主题等。在企业信息披露研究中,它被广泛用于解构企业公开文本的信息特征。本书对环境信息披露的搜集和测度是基于内容分析法。针对我国上市公司环境信息披露相应的规范，通过"设计测度项目、获取公司年报（环境年报或 CSR 报告）、文本分析、测度"步骤，最终完成对上市公司环境信息披露的测量，为后续构建计量模型和统计检验做铺垫。

3. 定量统计分析法

本书借助 Stata 和 SPSS 等统计分析软件，采用多种计量经济学模型开展定量研究，对提出的假设加以检验。

在环境行政处罚对上市公司环境信息披露的影响研究中，分别采用描述性统计、相关性检验、信效度检验、两维群聚校正标准误估计的回归检验、独立样本 t 检验、倾向得分匹配法（propensity score matching，PSM）等定量研究方法。这部分的核心研究方法是倾向得分匹配法与独立样本 t 检验。

倾向得分匹配法是一种统计方法，常用于估计处理效应或因果效应，特别是在观察性研究中。该方法通过构建倾向得分来模拟随机实验条件，从而将处理组和对照组（未接受处理的组）中具有相似特征的个体进行匹配以降低选择性偏差和混杂变量影响。倾向得分匹配法的目的在于减少观察性研究中由于非随机化分配而产生的选择偏差和混杂变量影响，从而更准确地估计处理效应或因果效应。

独立样本 t 检验是一种用于比较两个独立样本均值是否存在显著差异的统计方法。这里的"独立"意味着两个样本之间没有关联或相互影响，即一个样本的数据不会受到另一个样本数据的影响。独立样本 t 检验基于正态性与方差齐性假设，通过计算两组数据的均值和方差，进一步计算 t 值，并根据概率 P 值来判断两组数据的均值是否存在显著差异。

在环境行政处罚对公司价值的影响：环境信息披露增量的中介效应的研究中，主要采用了描述性统计、相关性检验、回归分析、Bootstrap 法中介效应检验、两阶段最小二乘法（2SLS）等定量研究方法。这部分的核心研究方法是 Bootstrap 法和两阶段最小二乘法。

在进行中介效应检验时，Bootstrap 法是一种非参数统计技术，用于估计间接效应的分布并通过判断其置信区间是否包含零来确定中介效应是否显著。核心思想是通过从原始样本中有放回地随机抽样生成多个 Bootstrap 样本。然后，在每个 Bootstrap 样本上估计中介效应从而构建中介效应的抽样分布。最后，基于这个分布计算中介效应的置信区间以判断中介效应是否显著。该方法特别适用于小样本和非正态分布数据。

两阶段最小二乘法是一种计量经济学方法，常被学者用于解决回归模型中的内生性问题。它通过分阶段回归来降低估计偏差。其核心在于利用引入的外生工具变量替代内生解释变量从而提升参数估计的可靠性。内生性问题的根源在于解释变量与误差项存在相关性，这可能导致普通最小二乘法（OLS）的估计结果有偏。

在环境受罚公告中信息披露对公司股价影响的研究中，主要采用了事件研究法（event study method）和基于 OLS 估计的回归分析等定量研究方法。这部分的核心研究方法是事件研究法。

事件研究方法是一种金融学中用来评估特定事件对公司市场价值影响的定量研究方法。它通常用于评估并购、重组、政策变化等事件对公司股价或市场价值的影响。事件研究法通过分析某事件的发生是否会引起某项经济指标的波动来判断二者之间是否有关联。其原理是基于有效市场假设，即股票价格反映所有已知的公共信息，投资者对新信息的反应是理性的。在样本股票实际收益中剔除假定某个事件没有发生而估计出来的正常收益就可以得到异常收益从而衡量股价对事件发生或信息披露的异常反应程度。

1.4.2 技术路线

围绕研究的内容与研究方法，本书遵循的技术路线如图 1-3 所示。

第1章 绪 论

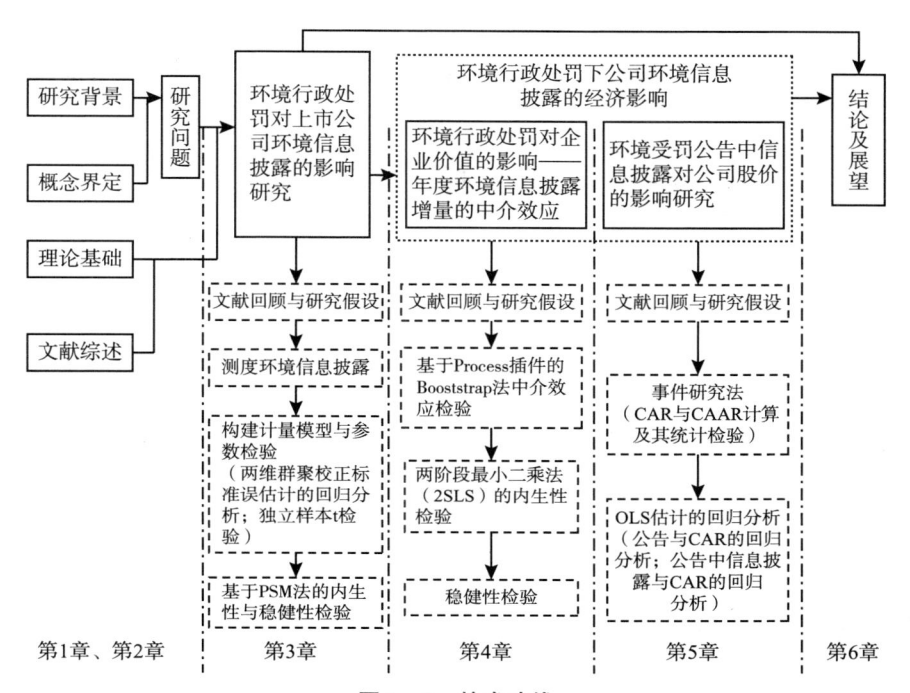

图1-3 技术路线

第 2 章　理论基础与文献综述

2.1　理论基础

2.1.1　外部性理论

对外部性理论发展具有里程碑意义的三位经济学家分别是马歇尔、庇古和科斯。"外部性"这一概念源于马歇尔在 1890 年在《经济学原理》中对"外部经济"的阐述。马歇尔将因企业间分工产生的效率提高称之为"外部经济",将因企业内分工所导致的效率提高称为"内部经济"。马歇尔未明确提出外部性的概念,但从他的论述可推断外部不经济的含义。外部不经济是指因企业各种外部的因素致使生产费用的增加。

庇古在 1920 年在《福利经济学》一书中基于马歇尔对"外部经济"的相关阐述提出了"外部不经济"概念。庇古与马歇尔的研究不同,马歇尔所指的外部经济是个体活动受到外部的影响,而庇古的外部不经济是指个体活动对外部的影响。庇古认为个体在生产或消费过程中的边际社会收益与边际私人收益、边际社会成本与边际私人成本难以一致,因此在完全市场化环境下不能达到社会福利最大化。因此,在边际私人成本小于边际社会成本时向个体征税解决外部不经济问题;对边际私人收益小于边际社会收益的个体进行外部经济效应补贴。所谓的外部不经济也被称为负外部性，外部经济则被称为正外部性。

科斯在《社会成本问题》中对庇古的外部性理论进行了批判。科斯认为在交易费用不存在时，解决外部性问题无须政府干预，若产权明晰，那么各方自愿协商即能解决；在交易费用不为零时，内化外部性问题的政策手段需要通过的成本和收益权衡才能确定。然而，自愿协商解决外部性问题建立在产权明确界定的基础之上。实际上，环境资源的产权通常难以界定，从而使无法自愿协商解决。因此，仅依靠市场无法有效解决环境外部性问题，政府可以弥补市场解决外部性问题上的不足。

环境外部性是典型的负外部性问题。企业消耗环境资源获取自身经济利益，生产过程中的环境成本转嫁给了社会，但是却未对此付出代价，那么外部不经济就产生了。经济的粗放发展使得环境外部性问题更为突出，政府管制是解决环境负外部性的主要手段。管制的思路是将环境负外部性内部化。政府可以通过法律法规或采取行政手段解决环境负外部性。行政手段是建立在相关环境法律法规基础之上，是以非市场手段对环境资源使用的直接干预。例如，只有颁发排污许可证的企业才可以进行污染排放；强制性淘汰污染生产设备和工艺等；行政处罚也是一种最常用的政府管制，即采取警告、罚款、责令停产停业和整顿等强制措施。

企业环境问题日益受到社会的广泛关注，环境问题事关企业当下和未来的生存发展。环境信息披露作为一种制度安排，被用于解决环境负外部性问题。投资者需要了解企业环境信息，借此判断企业面临的环境风险，以便做出合理的投资决策；而政府通过鼓励或者强制要求企业进行环境信息披露，使投资者等利益相关者易于获取企业相关的环境信息。通过环境信息披露制度引导投资者投资于环境风险小和环境业绩良好的企业，降低绿色发展型企业的融资难度和融资成本，也提高环境污染型企业的融资成本，将污染型企业的环境外部不经济问题进行内化。

外部性理论认为，政府管制能够解决企业环境行为的外部不经济。值得注意的是，无论是政府对企业的行政处罚，还是政府对企业环境信息披露的制度规定都是将环境外部不经济内化的手段。本书对环境行政处罚下环境信息披露的经济影响的研究，其本质上是关于环境信息披露解决环境外部不经济的有效性的研究，能够丰富外部性理论在中国管理情境下的适用性，为政府管制解决环境外部不经济的问题提供理论依据。

2.1.2 信息不对称理论

信息不对称理论是由经济学家阿克劳夫（Akerlof，1970）、斯彭斯（Spence，1973）和斯蒂格利茨（Stiiglitz，1976）于20世纪70年代提出的。这三位学者以信息不对称视角进行市场分析，发展了信息经济学研究，以此荣获了2001年的经济学诺贝尔奖。该理论主要阐述了在市场经济下的非完全知情交易中，交易双方无法完全占有对方的信息，这种交易双方之间的信息不对称使得信息资源占优势方为谋求更多的自身利益而使对方的利益受到损害。通常卖方是信息资源占优方，卖方是信息资源劣势方。

信息不对称将导致逆向选择和道德风险。在经济学中，逆向选择是指因信息不对称而导致市场资源配置扭曲的现象。具体来说，市场中交易的一方利用比对方多的信息利己而使对方受损时，信息劣势方因信息匮乏在交易中难以做出合理的决策，因此，当在信息不对称和市场价格下降时，市场劣质品驱逐优质品，进而降低了市场效率。道德风险是指在信息不对称的情况下，市场中信息劣势一方无法获取对方的行动或监督成本太高，信息优势方在获利最大化时使得对方利益受损。信号传递模型理论是信息不对称理论中重要的理论。在劳动力市场中，雇主对应聘者的能力不了解，因此需要借助某些可靠的信息识别应聘者的能力，而文凭可提供可信的信号。雇主、雇员把教育程度视为提高生产率的信号，雇员传递这种信号以获得与劳动能力匹配的工资。在信号传递模型中，信号传递有效的充分必要条件是信号传递是有成本的，且不同人在传递信号时发生的成本是有差异的。

信息不对称理论中的信号传递模型在公司治理中得到了广泛应用。公司高质量的信息披露是公司内部、外部治理机制有效的运行基础。近年来，履行企业社会责任的倡议在世界范围内得到推崇。在中国，发布 CSR 报告和环境报告的上市公司数量日益增多。CSR 报告和环境报告被广泛证实是影响股东等利益相关方决策的重要信息。高质量的信息披露有助于股东、投资者等对公司管理层的能力、工作业绩等做出评价，也有助于其做出投资决策。一方面，当公司提供了较好质量的环境信息披露，这可视为环境绩效较好的信号，有助于投资者、股东、债权人和消费者等利益相关者甄别出环境绩效良好、发展可持续性强的公司，而这将使得公司在外部融资、业绩经营等方面具有相对优势；另一方面，公司通过增加信息披露能够减少与投资者、股东等利益相关者之间的信息不对称程度，在一定程度上避免道德风险；而且可以吸引潜在的投资者投资，或降低交易成本、增强股票流动性。此外，投资者要求的回报率与评估投资风险水平成正比。增加信息披露降低信息不对称还可以降低投资者评估的投资风险水平，投资者要求的投资回报率因此会降低。在中国，CSR 报告和环境报告信息披露的监督治理机制仍处于完善阶段。目前，缺乏第三方独立机构对 CSR 报告和环境报告做审计鉴定等机制。因此，在某些情况下，CSR 报告和环境报告或对外公告中披露的信息更有可能被公司管理层操纵，而这可能会通过损害披露信息的质量增加公司与外部的信息不对称，进而对公司造成不良经济影响。

2.1.3 利益相关者理论

利益相关者理论起源于 1984 年爱德华·弗里曼（Edward Freeman）所著的《战略管理：利益相关者管理的分析方法》一书，在书中弗里曼提出：利益相关者关系到企业经营管理的目标的实现，是能够影响甚至改变企业经营管理目标的重要群体或个体，因此企业需要平衡利益相关者以实现其经营管理的目标①。在爱德华·弗里曼对利益相关者进行概念化之前，股东被视为企业唯一的所有者，是企业剩余索取权和控制权的唯一享有者。在此之后，这一观点备受争议。以爱德华·弗里曼②、克拉克森（Clarkson）③和唐纳森（Donaldson）④等为代表的学者认为：包括股东在内的全部利益相关者为企业的发展提供了专用型投资，承担了某些形式的风险，能够影响甚至改变企业的目标，理应享有与股东平等谈判权利、剩余的索取和控制的权利。由此可见，利益相关者理论对"股东价值至上"的传统观念提出了质疑。

不同利益相关者为企业提供的资源是不同的，从不同方面影响企业管理目标的实现。对利益相关者进行分类有助于经理人对利益相关者进行科学管理以实现管理目标。Edward Freeman 将利益相关者进行了分类，一类是持有公司股票的利益相关者。另一类是经济依赖性利益相关者，如雇员、债权人、消费者、供应商等，这一类是与公司有直接经济往来关系的利益相关者。另一类是社会利益相关者，如政府、媒体和社会活动团体等，是与公司的社会利益有关的利益相关者。弗雷德里克（Frederick，1988）以是否与企业有市场交易关系为标准，将利益相关者划分为直接和间接利益相关者。直接利益相关者包括：股东、债权人、雇员、供应商和消费者等。间接利益相关者包括：政府、媒体和社会活动团体等⑤。对利益相关者进行分类有助于对利益相关者管理，然而在公司治理中难以兼顾全部利

---

① Edward Freeman R. *Strategic Management：A Stakeholder Approach* [M]. Pitman, London：1984.

② Edward Freeman R., Evan W. M. Corporate governance：A stakeholder interpretation [J]. *The Journal of Behavioral Economics*，1990，19：337 - 359.

③ Donaldson T. The Stakeholder Revolution and the Clarkson Principles [J]. *Business Ethics Quarterly*，2002，12（2）：107 - 111.

④ Donaldson T., Preston L. E. The Stakeholder Theory of the Corporation：Concepts, Evidence, and Implications [J]. *The Academy of Management Review*，1995，20（1）：65 - 91.

⑤ Webster F. E. The rediscovery of the marketing concept [J]. *Business Horizons*，1988，31（3）：1 - 39.

益相关者的利益实现管理目标。

许多学者在利益相关者理论框架下对企业履行环境责任和社会责任进行研究，并认为企业履行环境责任应满足利益相关者的需求。本书在研究环境行政处罚对环境信息披露的影响中用到了利益相关者理论。环境行政处罚会使企业丧失合法性，为了避免合法性对企业生存造成的威胁，企业需要从赋予其合法性的利益相关者中获取环境合法性。另外，在分析环境信息披露对企业价值影响的研究中也用到了利益相关者理论。因为环境信息披露可以满足利益相关者对企业环境信息的需求，有助于投资者、债权人等利益相关者依据企业环境状况、环境绩效做出合理的决策，而这则会直接地影响企业价值的形成。

2.2　环境信息披露的发展与测度

2.2.1　环境信息披露的发展

企业环境信息披露公开制度起源于美国有毒物质排放清单制度。1984年印度博帕尔市美国联合碳化物公司的氰化物泄漏事件后，美国国会于1986年通过了《应急计划与社区知情权法案》，主要的目的是建立应急响应制度，以及通过信息公开来保障公众对有毒物质排放信息的知情权。美国国会在此法案第13节列入了有毒物质排放清单程序，要求美国企业向美国环保总署递交年度环境报告，在报告中提供企业生产、排放、存放等与有毒物质有关的信息，美国环保总署将这些信息录入数据库中对外公开，公众可以通过互联网查询有关信息。这种"企业—政府—公众"的信息披露模式被广泛认为是环境信息披露的强制性披露模式。1998年，美国环保机构要求美国环保总署向证监会提供公司环境信息，使证监会能够监督钢铁、汽车、金属、造纸和石油五个行业公司对外披露的环境信息[①]。欧盟国家已经形成了相对完善的上市公司环境信息披露制度，欧盟的环境信息披露以强制性披露为主、自愿性披露为辅的披露模式。欧盟国家强制性环境信息披露制度的产生主要是源于《污染物排放与转移登记议定书》法律文件，该文件规定了欧盟国家上市公司的信息公开义务。欧盟国家环境信息披露的载体主要是企业对外公开的环境报告、社会责任报告等[②]。

　　我国企业环境信息披露制度建立较晚。2003年，国家环保总局发布《关于企业环境信息公开的公告》，要求被列入名单的重污染企业披露环境信息，这是我国第一个关于企业环境信息披露的规范。2007年，国家环保总局颁布了《环境信息公开办法（试行）》，要求重污染行业企业公开主要污染物的排放的有关信息，并鼓励非重污染行业企业公开披露环境信息。深交所和上交所分别于2006年和2008年制定了《深圳证券交易所上市公司社会责任指引》和《上海证券交易所上市公司环境信息披露指引》，鼓励上市公司在社会责任报告中披露环境信息或单独披露。2010年，环境保护部发布了《上市公司环境信息披露指南》，要求16类重污染行业的上市公司在年度环境报告中披露污染物达标排放、环境风险管理体系建立和运行情况等；发生突发环境事件或受到重大环境处罚，应发布临时环境报告。2017年，中国证监会修订了《上市公司年报和半年报的内容与格式》，强制重点排污单位的上市公司披露污染排放信息等，其他公司执行"不披露就解释"的原则。我国上市公司环境信息披露以自愿性环境信息披露为主，强制性环境信息披露为辅，且环境信息披露制度是由生态环境部、证监会和交易所等不同部门制定，基本上各自为政、关联度低，这使得企业的环境信息披露在内容、形式和原则都有很大的酌定权。从我国重污染型上市公司来看，环境

---

① Madsen P. M. Does corporate investment drive a race to the Bottom in environmental protection? a reexamination of the effect of environmental regulation on investment [J]. *Academy of Management Journal*, 2009, 52 (6): 1297-1318.

② Brammer S., Pavelin S. Building a good reputation [J]. *European Management Journal*, 2004, 22 (6): 704-713.

信息披露仍然存在着重质量、轻质量、"报喜不报忧"的选择性披露以及难以验证的描述性信息较多等问题[1]。上市公司环境信息披露内容完整性、准确性和可靠性等方面以及环境信息披露的规范性上仍然有待提高[2]。

2.2.2 环境信息披露的测度

企业环境信息披露是利益相关者了解企业环境行为，评估环境绩效的重要渠道。如何量化、评估环境信息披露是学术研究中的热点问题。国外学者较多采用内容分析法测度企业环境信息披露。较早的内容分析法是以报告中有关环境信息披露的篇幅赋值，篇幅越多赋值越多，如迪根和戈登（Deegan and Gordon，1996）[3]、坎贝尔和戴维（Campbell and David，2000）[4]、坎贝尔（Campbell，2003）[5]等。目前，在研究中测度环境信息披露时采用的方法大多是基于内容分析的指数法，如比尤利和李（Bewley and Li，2000）[6]、理查德森和威尔克（Richardson and Welker，2001）[7]、赵

---

[1] 沈洪涛，李余晓璐. 我国重污染行业上市公司环境信息披露现状分析 [J]. 证券市场导报，2010（6）：51–57.

[2] Zhu X., Zhang C. Reducing information asymmetry in the power industry: Mandatory and voluntary information disclosure regulations of sulfur dioxide emission [J]. Energy Policy, 2012, 45: 704–713. 解江凌. 我国中央企业社会责任信息披露实证研究 [D]. 北京：北京交通大学，2015. 杜枫艳. 我国企业环境信息披露问题研究 [D]. 北京：中国财政科学研究院，2016. 朱易捷. 我国上市公司环境信息披露的情况研究 [J]. 金融纵横，2019（8）：82–87.

[3] Deegan C., Gordon B. A study of the environmental disclosure practices of Australian corporations [J]. Accounting and Business Research, 1996, 26 (3): 187–199.

[4] Campbell, David. Legitimacy Theory or Managerial Reality Construction? Corporate Social Disclosure in Marks and Spencer Plc Corporate Reports, 1969–1997 [J]. Accounting Forum, 2000, 24 (1): 80–100.

[5] Campbell D. Intra-and intersectoral effects in environmental disclosures: Evidence for legitimacy theory? [J]. Business Strategy and the Environment, 2003, 12 (6): 357–371.

[6] Bewley K., Li Y. Disclosure of environmental information by Canadian manufacturing companies: A voluntary disclosure perspective [J]. Advances in Environmental Accounting and Management, 2000, 1: 201–226.

[7] Richardson A. J., Welker M. Social disclosure, financial disclosure and the cost of equity capital [J]. Accounting, Organizations and Society, 2001, 26 (7): 597–616.

和佩滕（Cho and Patten，2007）[1]、郑等（Zeng et al.，2010）[2]、孟等（Meng et al.，2014）[3]。基于内容分析的指数法通常是根据不同类别的信息披露项目是否涉及财务数据、定量信息以及披露的详尽程度赋值进行环境信息披露的测度。当某类别的披露涉及财务和量化的信息时赋值较高。这种方法假设定量披露的信息质量高于定性披露，即在报告中越多的定量披露，环境信息质量越高。其赋值测量的方法如下：对于某一披露的项目，赋值区间为0~3；当该项目的披露涉及定量或财务数据时，赋值为3；若未采用定量披露但披露较详细，赋值为2；若定性披露且披露不详细，赋值为1；若未披露，赋值为0。内容分析的指数法能够测度出环境信息披露的量或详细程度，但该测度方法的测度标度单一，无法将环境信息质量特征反映出来。因此，很多学者将内容分析指数法测度的环境信息披露被称为环境信息披露水平[4]。

由于内容分析的指数法方法在测度环境信息质量上的缺陷，越来越多的研究尝试采用基于信息质量属性或环境信息质量特征体系对环境信息披露质量进行测度的方法。例如，哈蒙德和迈尔斯（Hammond and Miles，2004）对CSR信息质量标准和评估方法进行了研究[5]。基于对CSR信息使用者的问卷调查，潘安（Pan Ane，2012）从决策相关性、可靠性、可比性和清晰性方面建立环境信息披露质量指标体系[6]。雷托尼恩和萨普考斯基恩（Leitoniene and Sapkauskien，2015）从相关性和可靠性方面测度社会

---

[1] Cho C. H., Patten D. M. The role of environmental disclosures as tools of legitimacy: A research note [J]. *Accounting, Organizations and Society*, 2007, 32 (7-8): 639-647.

[2] Zeng S. X., Xu X. D., Dong Z. Y. et al.. Towards corporate environmental information disclosure: An empirical study in China [J]. *Journal of Cleaner Production*, 2010, 18 (12): 1142-1148.

[3] Meng X. H., Zeng S. X., Shi J. J. et al.. The relationship between corporate environmental performance and environmental disclosure: An empirical study in China [J]. *Journal of Environmental Management*, 2014, 145: 357-367.

[4] 孟晓华. 企业环境信息披露的驱动机制研究 [D]. 上海：上海交通大学，2014.

[5] Hammond K., Miles S. Assessing quality assessment of corporate social reporting: UK perspectives [J]. *Accounting Forum*, 2004, 28 (6): 61-79.

[6] Ane P. An Assessment of the Quality of Environmental Information Disclosure of Corporation in China [J]. *Systems Engineering Procedia*, 2012, 5: 420-426.

责任信息披露的质量[①]。Melloni 等（2017）从简明性、完整性和平衡性三方面选取指标对企业整合报告中的信息质量进行了测度。我国学者张正勇（2011）[②] 和吉利等（2013）[③] 构建了中国上市公司的社会责任信息质量特征体系，并将社会责任信息质量特征归纳为相关性、可信性、可理解性、可比性、中立性和完整性。沈洪涛和冯杰（2012）从数量和质量两方面评价各项披露内容，以披露行数测度环境信息披露数量，从显著性、量化性和时间性三个质量维度对环境信息披露质量进行测度[④]。李强和冯波（2015）从形式和实质两维度测度企业环境信息披露质量，在实质维度上包括量化性、持续性和显著性，形式维度上包括完整性和及时性[⑤]。解江凌（2015）从信息质量特征的可靠性、平衡性、完整性、可比性、时效性、可理解性和实质性方面评估 CSR 报告的信息披露质量[⑥]。环境信息质量或 CSR 信息质量应该包含决策相关性、可靠性、可理解性、完整性等方面的特征[⑦]，基于信息质量特征的测度方法能更好地量化环境信息披露质量。

本书认为，对环境信息披露的测度应从披露水平和披露质量两方面综合考虑，信息披露水平高并不代表较高的信息披露质量。例如，公司对某类别的信息披露较为详细且有定量的信息，但是对于某些负面信息披露不具体或泛泛而谈，那么披露信息的完整性较弱，这有损信息披露质量；有

[①] Leitoniene S., Sapkauskiene A. Quality of Corporate Social Responsibility Information [J]. *Procedia – Social and Behavioral Sciences*, 2015, 213: 334 – 339.

[②] 张正勇. 中国上市公司社会责任报告信息质量影响因素研究 [D]. 成都：西南财经大学，2011.

[③⑦] Ji L., Zhang Z., Mao H. To build up a quality characteristics system of corporate social responsibility information – Based on a questionnaire of information users [J]. *Accounting Research*, 2013 (1): 50 – 56.

[④] 沈洪涛，冯杰. 舆论监督、政府监管与企业环境信息披露 [J]. 会计研究，2012 (2): 72 – 78.

[⑤] 李强，冯波. 环境规制、政治关联与环境信息披露质量——基于重污染上市公司经验证据 [J]. 经济与管理，2015，29 (4): 58 – 66.

[⑥] 解江凌. 我国中央企业社会责任信息披露实证研究 [D]. 北京：北京交通大学，2015.

的公司虽然披露的内容多、篇幅长，但是专业术语多、句式复杂难理解，或定性类信息不直观、不形象，可读性比较差，这均有损信息披露的质量。仅从信息披露水平或信息披露质量角度的测度都不足以体现出环境信息披露的真实状况。因此，本书将从环境信息披露水平和环境信息披露质量两方面对环境信息披露进行测度。

2.2.3 年度披露与临时披露

不同国家、地区的环境信息披露制度是具有差异的。环境信息披露按照法律、法规、章程可分为强制性环境信息披露和自愿性环境信息披露。强制性环境信息披露是指公司必须遵循相关法律、法规和章程中的披露规定对外披露环境信息。而自愿性环境信息披露是指公司自愿对外披露，政府部门对披露信息的内容不做强制性披露规定。在中国，为规范上市公司环境信息披露行为，引导上市公司履行环境保护的社会责任，根据《环境信息公开办法（试行）》等文件的规定制定了《上市公司环境信息披露指南》（以下简称《指南》）。目前，中国沪深股市上市公司需依据该指南的要求进行环境信息披露。《指南》对重污染行业和非重污染行业的信息披露做了具体的规定。对于重污染行业上市公司，应该披露年度环境报告。在报告中应当披露环境影响评价和"三同时"制度执行情况、污染物达标排放情况、环境风险管理体系建立和运行情况等八大类环境信息。对于非重污染型行业，则鼓励上市公司在年度报告中披露经营者的环保理念、环境管理情况、环境绩效等五类环境信息。参照《指南》的要求，并结合孟晓华等的研究[1]，本书按照是否属于重污染行业将上市公司年度环境信息披露分为强制性披露部分和自愿性披露部分。

---

[1] Meng X. H., Zeng S. X., Tam C. M. From Voluntarism to Regulation: A Study on Ownership, Economic Performance and Corporate Environmental Information Disclosure in China [J]. *Journal of Business Ethics*, 2013, 116 (1): 217 – 232.

此外，除了年度披露，我国上市公司环境信息披露还包括临时披露。《指南》规定，若上市公司及其下属企业因为环境违法被省级以上环保部门处以重大环境违法处罚，应该发布临时环境报告。在环境行政处罚下，临时披露也就是上市公司发布的环境受罚公告。

2.3　合法性管理与环境信息披露的研究与述评

合法性概念源自社会学领域，在社会学领域合法化问题就是政治制度、政权是否得到民众的承认与认可的问题，合法性可以通过遵守社会标准、法律来获得。而合法性的内涵也就是正式的法律、社会标准以及共同认可的价值体系。萨克曼（Suchman，1995）在研究中将合法性概念从社会学领域引入企业和组织中，提出企业合法性是指在一个由社会构建的规范、价值观、信仰和定义的制度中，企业的行为被外界认定是可取、适当的感知或假定[1]。齐默曼和蔡茨（Zimmerman and Zeitz，2002）将合法性定义为一种可操纵的社会资源，即社会赋予企业法律地位、使用自然资源和人力等资源进行生产和污染排放等的权利，当社会认为企业的经营模式不可接受或不合法时，企业的生存将受到威胁，他提出企业通过调整策略和行为可以获得社会认可，从而获得组织合法性[2]。萨克曼和齐默曼（Suchman and Zimmerman）等对组织合法性概念的定义中指出组织会采取一定的措施、策略获取合法性资源，这一定义为以后组织合法化的研究奠定了理论根基。

学界普遍认为合法性来源于对组织进行观察并进行评价的利益相关

---

[1]　Suchman M. C. Managing Legitimacy：Strategic and Institutional Approaches. [J]. *Academy of Management Review*，1995，20（3）：571-610.

[2]　Zimmerman M. A.，Zeitz G. J. Beyond survival：Achieving new venture growth by building legitimacy [J]. *Academy of Management Review*，2002，27：414-431.

者。根据合法性的来源，可以将合法性进行分类。拉马纳坦（Ramanathan，1976）[1] 和斯科特（Scott，1987）[2] 将组织合法性分为规制合法性、规范合法性和认知合法性。规制合法性来源于政府、协会等机构和部门的制定的规章制度。规范合法性来源于社会价值观以及社会道德规范，体现出社会对组织活动的评价与认可。认知合法性来源于社会对既定行为的认知。

对于"为什么组织要满足利益相关者的期望与认可"的问题，学术界形成了三类关于合法性基础的观点。第一，强制性奖惩。组织若失去合法性将受到严厉的惩罚，组织是基于自身利益的目的去满足利益相关者的期望从而获得合法性。第二，对价值观和规范遵从。组织合法性不能脱离组织所在的社会系统，在这个由利益相关者组成的系统中，公认的价值观和规范对不同的利益相关者群体行为的适当性和扮演的角色有特定的期望，这种因适当性和角色期望而使组织感知到的压力将驱动组织去满足利益相关者的期望与认可。第三，"共同理解"的基础。因为组织受到外部观念和文化的约束，观念和文化将不断内化为组织内部的认知范式和行为规范。组织内部与外部利益相关者将对某种行为和观点等达成一致的理解，那么组织行为亦将趋向于符合组织的合法性的方向发展。

组织应对"合法性"的行为策略是合法性理论中重要部分。在制度影响下的组织行为策略的研究方面。奥利弗（Oliver，1991）认为组织并非只能被动地适应制度环境也可以主动地对制度压力做出反应，他提出组织对制度环境的能动策略包括：默许、妥协、回避、挑衅和利用[3]。斯帕和拉穆尔（Spar and La Mure，2003）认为当组织受到外部压力时，组织会基

---

[1] Ramanathan K. V. Toward a Theory of Corporate Social Accounting [J]. *Accounting Review*, 1976, 51 (3): 516–528.

[2] Scott W. R. The Adolescence of Institutional Theory [J]. *Administrative Science Quarterly*, 1987, 32 (4): 493–511.

[3] Oliver C. Strategic Responses to Institutional Processes [J]. *Academy of Management Review*, 1991, 16: 179–245.

第 2 章　理论基础与文献综述

于自身利益采取"抢先""抵抗"等策略[1]。在上述研究中，这些行为策略可视为组织对合法性做出的反应。根据组织合法性的驱动类型，可以将合法性策略分为内部驱动型和外部驱动型。内部驱动型合法性获取的应对策略是"遵从"。对于外部驱动型，若合法性对组织生存至关重要，且组织有能力改变外界对"合法性"判定标准，则会采取进攻型策略主动影响利益相关者对"合法性"的判别标准。若组织无法改变外界对合法性的判定标准，则会采取防守型策略，包括"回避""妥协"等策略。

企业采取合法性策略达到合法性目的过程中可能会受到企业内部人为的操控。操控合法性类似于操控社会中公众等群体对企业行为的感知。林德布洛姆（Lindblom，1994）对合法性和合法化进行了区分，认为合法性是一种状态，合法化是实现合法性的过程，并提出组织获得或维护自身的合法性的四类策略。策略一：告知公众组织行为的改变；策略二：改变公众的感知，但不改变组织的行为；策略三：转移公众的关注和感知；策略四：改变社会的期望[2]。随着公众期望以及企业自身行为的变化，企业合法性也是动态变化的，而寻求合法性一般经历三个阶段，分别是获取、维持和补救。萨克曼（Suchman，1995）归纳了不同阶段组织寻求合法性的策略[3]。在组织合法性获取阶段，主要采取适应、选择和控制环境策略；在维持阶段，主要采取保护已有成果、监控内部运行、模糊化外部沟通等策略。在补救阶段，主要采取改组、避免恐慌等策略。

合法性压力和合法性管理是合法性理论的主要概念。合法性理论认为企业通过各种社会契约与利益相关者联结在一起，利益相关者基于各自经济利益或社会立场借助契约关系对企业施加各类合法性压力。而企业为应

---

[1] Spar D. L., La Mure L. T. The power of activism: Assessing the impact of NGOs on global business [J]. *California Management Review*, 2003, 45 (3): 78–101.

[2] Lindblom C. K. The implications of organizational legitimacy for corporate social performance and disclosure [C]//Critical perspectives on accounting conference. New York, America: 1994.

[3] Suchman M. C. Managing Legitimacy: Strategic and Institutional Approaches. [J]. *Academy of Management Review*, 1995, 20 (3): 571–610.

对外界的合法性压力所做出回应即为合法性管理。

企业寻求合法性的手段通常是对外披露信息。合法性载体是企业的年报、企业社会责任报告、环境报告以及新闻和手册等。迪根等（Deegan et al.，2002）提出当企业管理层认为其创造的价值与社会期望不符时就会采取改变公众对企业的感知的一系列补救策略，而这类补救主要通过对外披露信息方式进行[1]。沈洪涛和苏亮德（2012）认为环境报告和CSR报告是公司与利益相关者沟通的平台，而环境信息披露是企业应对利益相关者的合法性压力而衍生的管理工具[2]。有许多研究基于组织合法性解释企业的环境信息披露行为，这些研究认为环境信息披露通过影响甚至改变利益相关者对企业形象、声誉、业绩等的看法，以此达到获取认知合法性的目的。

国外已有的基于合法性理论的实证研究从主要三个方面验证合法性压力对企业环境信息披露的影响作用，包括环境监管和政策规定的出台、环境事故和媒体报道等。企业的合法性压力很大一部分来自环境规制，如环境监管和政策规定。许多学者的研究表明企业环境信息披露受环境监管和政策规定的影响。奥利弗（Oliver，1991）认为制度压力对组织合法性提出挑战，他总结了组织面对制度压力时为了寻求合法性与社会期望一致而可能会采取的应对策略，分别是遵守、妥协、回避、抵制和操纵策略，其中，妥协或遵守策略是最被动的策略，而操纵策略是最主动的策略[3]。具体而言，社会合法性和经济压力、制度规范的强制性程度和制度环境不确定越小，组织越倾向采取遵守或主动策略。利益相关者多元化程度、制度规范与组织目标差异越大，则组织越倾向采取主动策略。迪根和兰金（Deegan

---

[1] Deegan C., Rankin M., Tobin J. An examination of the corporate social and environmental disclosures of BHP from 1983 – 1997: A test of legitimacy theory [J]. *Accounting, Auditing & Accountability Journal*, 2002, 15 (3): 312 – 343.

[2] 沈洪涛，苏亮德. 企业信息披露中的模仿行为研究——基于制度理论的分析 [J]. 南开管理评论, 2012, 15 (3): 82 – 90.

[3] Oliver C. Strategic Responses to Institutional Processes [J]. *Academy of Management Review*, 1991, 16: 179 – 245.

and Rankin, 1996) 研究发现在被起诉的情况下, 公司倾向于增加信息披露以应对其合法性构成的威胁[①]。瓦尔萨姆等 (Warsame et al., 2002) 研究发现那些受到政府罚款的公司更倾向于向外界披露更多有条理的、具体可核实的与公司环境活动相关的信息[②]。坎贝尔等 (Campbell et al., 2003) 研究发现企业若因为犯轻罪而失去某些合法性时, 会试图通过对外界信息披露的方式来恢复[③]。科米尔等 (Cormier et al., 2005) 研究了影响德国大企业环境信息披露质量的因素, 发现除经济激励之外, 公共压力和制度压力是提高企业环境信息披露质量的重要驱动力[④]。弗里德曼和贾吉 (Freedman and Jaggi, 2005) 对签订"京都议定书"国家的企业在污染排放上开展了研究, 发现基于合法性理论能够较好解释签订"东京议定书"国家的公司的污染排放、温室气体排放信息的披露水平相对较高的原因[⑤]。弗罗斯特 (Frost, 2007) 分析了新颁布的强制性报告准则澳大利亚公司环境信息披露的影响, 通过对比新准则实施前后企业年度信息披露的变化, 发现无论是报告数量和环境绩效信息披露水平均有所增加, 特别是对报告违反条例的公司和不发布独立环境报告的公司环境披露水平增加较为显著, 弗罗斯特认为合法性压力使得公司增加了环境信息的披露[⑥]。

[①] Deegan C., Rankin M. Do Australian companies report environmental news objectively: An analysis of environmental disclosures by firms prosecuted successfully by the Environmental Protection Authority [J]. *Accounting, Auditing & Accountability Journal*, 1996, 9 (2): 50–67.

[②] Warsame H., Neu D., Simmons C. V. Responding to "Discrediting" Events: Annual Report Disclosure Responses to Environmental Fines [J]. *Accounting & the Public Interest*, 2002, 2 (1): 22–40.

[③] Campbell D., Craven B., Shrives P. Voluntary social reporting in three FTSE sectors: A comment on perception and legitimacy [J]. *Accounting, Auditing & Accountability Journal*, 2003, 16 (4): 558–581.

[④] Cormier D., Magnan M., Van Velthoven B. Environmental disclosure quality in large German companies: Economic incentives, public pressures or institutional conditions? [J]. *European Accounting Review*, 2005, 14 (1): 3–39.

[⑤] Freedman M., Jaggi B. Global warming, commitment to the Kyoto protocol, and accounting disclosures by the largest global public firms from polluting industries [J]. *International Journal of Accounting*, 2005, 40 (3): 215–232.

[⑥] Frost G. R. The introduction of mandatory environmental reporting guidelines: Australian evidence [J]. *Abacus*, 2007, 43 (2): 190–216.

企业的合法性压力也来自企业自身的环境事故或行业的环境灾难。学者的研究认为环境事故、环境灾难等会对涉事企业及同行业的其他企业的合法性造成威胁，使得环境信息披露产生变化。如，帕滕（Patten，1992）研究了埃克森瓦尔迪兹石油泄漏对埃克森美孚石油公司年度报告中环境信息披露的影响，发现行业中发生的重大环境事故增大公司面临的合法性压力，这使得公司增加信息披露，并提出社会信息披露是企业响应公众对公司看法的工具[1]。迪根和兰金（1996）的研究发现，公司被起诉后倾向于增加信息披露以应对其合法性构成的威胁[2]。达雷尔和瓦尔茨（Darrell and Schwartz，1997）调查了1989年埃克森·瓦尔迪兹号（Alaskan Exxon Valdez）石油泄漏事故对石油工业行业企业环境信息披露水平变化，发现事故相邻年份中企业环境信息披露水平有显著性差异，研究人员将信息披露差异的产生归于环境事故增加了所在相关行业的合法性压力[3]。迪根等（2000）考察了重大社会事故对澳大利亚公司环境报告中信息披露的影响，发现在受事故影响的行业中的公司在年度报告中提供的社会类信息比事件发生前多，这说明公司采用年度报告作为合法化手段以改变社会对公司运营的看法[4]。瓦尔萨姆等（2002）发现受政府罚款的公司更倾向于向外界披露更多有条理、具体和能够核实的环境活动的信息[5]。赵（2009）以Total SA石油公司发生的沉船漏油事故和AZF化工厂爆炸事故为案例，研

---

[1] Patten D. M. Intra-industry environmental disclosures in response to the Alaskan oil spill: A note on legitimacy theory [J]. *Accounting, Organizations and Society*, 1992, 17 (5): 471–475.

[2] Deegan C., Rankin M. Do Australian companies report environmental news objectively: An analysis of environmental disclosures by firms prosecuted successfully by the Environmental Protection Authority [J]. *Accounting, Auditing & Accountability Journal*, 1996, 9 (2): 50–67.

[3] Walden W. D., Schwartz B. N. Environmental disclosures and public policy pressure [J]. *Journal of Accounting and Public Policy*, 1997, 16 (2): 125–154.

[4] Deegan C., Rankin M., Voght P. Firms' Disclosure Reactions to Major Social Incidents: Australian Evidence [J]. *Accounting Forum*, 2000, 24 (1): 101–130.

[5] Warsame H., Neu D., Simmons C. V. Responding to "Discrediting" Events: Annual Report Disclosure Responses to Environmental Fines [J]. *Accounting & the Public Interest*, 2002, 2 (1): 22–40.

第 2 章 理论基础与文献综述

究了企业在环境事故灾难情况下采取的措施和策略,并基于"社会契约"的概念提出企业利用信息传播策略使其行动合法化,社会环境信息披露依然是一种强有力的合法化手段[①]。

合法性压力也来自舆论,特别是与企业相关的媒体报道。例如,布朗和迪根(1998)基于议程设置理论和合法性理论探讨了媒体报道与年度环境信息披露水平之间关系,研究发现媒体推动了外界公众对组织的环境绩效的关注程度,而组织是通过增加年度报告内的环境信息披露程度对外界关注做出回应[②]。布拉默和帕夫林(Brammer and Pavelin,2008)研究了英国工业企业的自愿性环境信息披露质量的影响因素,发现公司自愿性环境信息披露没有受到媒体报道的显著影响[③]。艾尔特斯和科米尔(Aerts and Cormier,2009)将公司的年度环境信息披露和环境新闻发布视为公司用以合法化的工具,北美的公司的合法性受年度环境报告中经济部分的陈述和应激性的新闻报道的积极影响,但是不受积极主动环境新闻发布的影响,此外,负面媒体合法性是环境新闻发布的驱动因素,但不是年报中环境信息披露的驱动因素[④]。

国内基于合法性理论的实证研究主要是从以下三方面检验合法性压力对企业环境信息披露的影响,分别是政府环境规制、行业的环境事故和媒体报道。

在政府规制促使组织的制度向绿色化的变迁过程中,企业的环境信息披露已经逐渐成为其维护合法性地位、满足社会公众期望和维持经营状况

---

① Cho C. H. Legitimation Strategies Used in Response to Environmental Disaster: A French Case Study of Total SA's Erika and AZF Incidents [J]. *European Accounting Review*,2009,18(1):33-62.

② Brown N., Deegan C. The public disclosure of environmental performance information – A dual test of media agenda setting theory and legitimacy theory [J]. *Accounting and Business Research*,1998,29(1):21-41.

③ Brammer S., Pavelin S. Factors influencing the quality of corporate environmental disclosure [J]. *Business Strategy and the Environment*,2008,17(2):120-136.

④ Aerts W., Cormier D. Media legitimacy and corporate environmental communication [J]. *Accounting, Organizations and Society*,2009,34(1):1-27.

的基本需要。国内学者基于合法性理论探讨了面对规制压力时企业为寻求和维护合法性所采取的应对策略和信息披露策略。例如，肖华等（2013）将外部压力分为规范压力与文化认知压力，提出我国公众大多是"事后被动参与"环境问题，所以文化认知压力对公司环境信息披露的影响并不明显；而规制压力是上市公司环境信息披露面临的主要压力，且公司环境信息披露的目的是获取和保障自身规制合法性。王建明（2008）和李强和冯波（2015）研究发现企业环境信息披露受政府环境规制的显著影响，但因行业类型和产权性质的不同而存在差异。孟晓华（2014）提出在严格的环境规制压力下，企业环境信息披露行为更适用压力—合法性理论的解释。

政府规制有多种形式，可以是出台法律法规和制定规章等。许多研究发现法律、法规和政策会对公司环境信息披露产生影响。例如，肖华等（2013）提出法规对上市公司的环境信息披露形成了制度压力，迫于制度压力公司会借助环境信息披露实施应对策略以达到获得、维护和修复合法性和继续其经营活动的目的。毕茜等（2012）发现信息披露制度对重污染行业公司环境信息披露具有积极影响，且公司治理具有增强环境信息披露制度对公司环境信息披露的促进作用。姚圣和李诗依（2017）研究了在中国环保部颁布的《环境信息公开办法》前后不同产权性质和不同行业企业在违法违规后在环境信息披露上的差异，研究发现该法规的颁布提高了企业合法性管理动机，国有非重污染企业违法违规后会显著增加环境信息披露，但国有重污染企业的环境敏感性较高，因此倾向采用降低环境风险的防御性策略减少环境信息披露。郑建明和许晨曦（2018）以沪深股市上市的重污染企业为样本检验了我国"新环保法"的实施对公司环境信息披露质量的影响，发现新环保法对实际控制人行政级别为厅级以上的公司环境信息披露质量有正向作用，而且这种影响在于市场化水平高、规制力度强的地区尤为明显。

政府监管是环境规制的重要手段。在政府监管对企业环境信息披露的影响方面，沈洪涛等（2012）研究发现地方政府加强对企业信息披露的监督管理提高了企业信息披露的质量。毕茜等（2012）认为环境问题具有明显的外部性，而政府监管是消除环境外部性的重要手段，政府可以是通过法律法规的直接规制，也可以是采用如征税和补贴等经济手段对企业施压，而环境信息披露是施压后的反应。包群等（2013）发现，地方环保执法力度在很大程度上决定了企业承受的环境规制压力。当然，也有研究发现规制压力与规范压力对于上市公司环境信息披露行为只有有限的正向影响作用，并解释有限的正向影响是由于不同监管部门制定的信息披露规范、规章重叠交叉、标准不一致和相关法律法规的效力不足所致。

国内许多学者基于合法性理论解释环境事故发生后企业的环境信息披露行为，发现环境事故对企业年度环境信息披露具有影响。例如，肖华和张国清（2008）发现在松花江重大环境事故后，肇事公司和所在行业随后两年的环境信息披露较之前年度明显增加，且这些公司的环境信息披露取决于时期和事件，所以肖华等将涉事公司随后年份的对外的环境信息披露行为解释为生存"合法性"辩护的自利行为。但是，也有研究发现环境事故对公司后续的环境信息披露没有影响。例如，潘妙丽和陈峥嵘等（2012）发现环境污染事件并不影响公司后续在管理层分析与讨论（MD&A）中的环境信息披露。

另一部分文献从媒体和舆论角度探讨了合法性压力对企业环境信息披露的影响。例如，孟晓华（2014）发现当环境违规行为被曝光后，相比未违规的企业，违规企业会披露更多的环境信息。沈洪涛和冯杰（2012）基于合法性理论和议程设置理论分析舆论和政府监管对企业环境信息披露的作用，发现媒体对上市公司环境业绩的报道和地方政府对环境信息披露的监管均能显著提高公司的环境信息披露水平。李大元和黄敏等（2016）、Li等（2018）基于CDP调查项目研究了企业合法性对碳披露的影响作用，采用基于新闻报道的J-F系数估算企业的合法性，证明企业合法性与碳披露之间负相关，其研究认为管理层借助信息披露提高声誉和宣扬环保投资等以维护企业的利益。倪恒旺等（2015）实证检验了媒体关注度对我国上市公司自愿性 CSR 信息披露水平和披露意愿的影响，发现媒体关注显著提高了上市公司自愿性 CSR 信息披露水平和意愿。此外，环境信息披露的动机不仅有合法性动机，经济性动机也是环境信息披露的动机。因为当政府加大环境规制使得环境违规所产生的收益超过履行信息披露产生的成本，迫使企业遵守环境披露政策，提高信息透明度（张同斌，2017）。

综上所述，当企业行为与授予企业合法性的公众群体的社会价值理念、行为规范、感知相契合，企业才会被社会接纳和认可。否则，企业将采取补救策略以弥补合法性"缺口"。信息披露是企业弥补合法性"缺口"和寻求合法性的主要的手段。企业为了获得合法性，将操纵对外的信息披露改变利益相关者对企业形象、声誉和业绩等方面的认知。此外，由上述文献可知，行业的环境事故、媒体报道和环境规制都是企业环境信息披露的主要驱动因素。政府监管是环境规制的最直接的方式，环境行政处罚是政府监管的最有力抓手。在环境规制压力对企业环境信息披露的影响研究方面，虽然很多研究探讨了政策出台、法律法规等企业面临的外部压力对企业环境信息披露的影响，但是行政处罚在性质和对企业施压的程度均不同于一般的环境规制，因此对于环境行政处罚这一政府监管手段是如何影响环境信息披露这一问题的相关研究仍然欠缺，需要进一步地推进。

2.4 印象管理与环境信息披露的研究与述评

印象管理源于心理学的研究范畴。心理学家欧文戈夫曼于 1959 年在《日常生活中的自我表现》一书中首次提出了印象管理这一概念。利里和科瓦尔斯基（Leary and Kowalski，1990）将印象管理概念化为：人们试图管理和控制他人对自己所形成的印象的过程。

在社会心理学的研究领域，印象管理通常有两个过程：一是印象动机，即形成印象管理的动机；二是印象构建。印象动机是指个体操纵或控制自己形象的意愿程度。印象构建阶段涉及要构建什么样的形象以及决定如何去构建这两方面。个体形象动机受以下方面因素的影响。第一，印象对目标的重要性。印象对于个体目标的达成越重要，则印象管理动机越强。第二，目标的价值。若某种理想的形象会带来较大的物质利益，个体就有较强的印象管理的动机。第三，自身形象认知的差异。因为信息不对称，个体对自身理想的形象与现有公众形象认知之间存在差异，差异越大个体越有动机改变这种印象。因此，印象管理的动机越强。印象构建是指确定自身在公众中印象的类型以及如何去塑造这种印象的过程。印象构建分可为主动印象构建和被动印象构建。主动的印象管理用于设计和增强某种想要的形象并以某种方式获得公众对该形象的认可。既有的形象受到威胁和损害时，则需要采用防御性的印象管理维护形象，策略可以是解释、道歉、否认、强辩和相互指责等规避责任。

后来学者将印象管理理论从社会心理学领域延伸到对企业行为的研究中。埃尔斯巴赫等（Elsbach et al., 1998）将印象管理定义为：有意地设计并实施的试图控制或影响企业信息受众的印象的行为。部分学者对组织印象管理进行了分类。穆罕默德（Mohamed, 1999）等对印象管理的分类得到了众多学者的认可，他们阐述了获得性印象管理与保护性印象管理策略，并认为组织更多采用获得性印象管理策略和保护性印象管理策略。获得性印象管理策略更多是事前、主动性的实施印象管理，而保护性印象管理更多是被动、事后实施的印象管理。

企业信息披露的受众主要有股东、债权人、供应商和政府等利益相关者。获取公司信息的主要渠道是上市公司披露的年报。在年报中，除了财务报表之外，大篇幅的文字叙述为管理层实施印象管理提供了可乘之机。国外学者在20世纪90年代开始重视对公司年报语言信息的研究，并证实公司在年度报告中存在印象管理行为。国内学者孙蔓莉、王雄元、赵敏等也对上市公司年报中的印象管理进行了研究。上市公司在年度报告中实施印象管理众多动因中公司业绩和经济利益是主要动机，如财务业绩下降。

此外，公司声誉和股价、治理水平等也是印象管理的动机。

在公司的年度报告中，公司进行印象管理常见的手段之一是自利性的归因。在归因理论方面的研究认为，解释某事件无外乎有内因和外因两种，一般人们在解释自身行为时倾向于外因。将归因理论延伸到公司中，麦金斯特里（Mckinstry，1996）提出一个类似的假设：公司管理层将业绩良好年份的成绩归功于自己，将不良业绩年份的成绩归咎于经济环境。管理层归因倾向的产生是公司治理结构所决定的。在委托代理的公司治理结构下，委托方（董事会）和代理方（经理人）的利益不一致，委托方的利益是股东价值最大化，而代理方的利益是自身薪资报酬最大化。董事会对公司经理人实施的薪资、续聘的激励机制使得经理人有动机提高业绩，但也促使其采用其他手段提高董事会对其评价。管理层倾向于将业绩良好归功于自己，以获取续聘、加薪；将不良业绩归咎于外部经济环境以推卸经营不佳的责任，以维持续聘和目前的薪资。萨兰西克和梅因德尔（Salancik and Meindl）将自利性归因分为选择性归因倾向和表述归因倾向两类。选择性归因倾向是指管理层有选择性地报告影响公司业绩的事项。表述性归因倾向是指管理层引入与公司业绩无关因素解释其业绩。操纵年度报告的可读性与可理解性也是常见的印象管理手段。公司信息的受众会按照易得性选择所理解的内容，对于难以理解的语言、词汇等，年报的阅读者很可能会放弃。因此，上市公司年度报告的可读性关乎读者能否接收报告中所承载的信息量。许多研究提出，业绩差的公司的报告的阅读难易度被操纵了。当管理层试图掩饰公司负面问题时，会在年度报告编制中使用复杂句子、抽象隐晦的术语等方式混淆公司实际业绩并干扰读者理解。除此之外，年度报告中的图片、表格、颜色等手段也被公司管理层用于操控阅读者对公司的印象。

上述研究的关注点均是公司财务报告中的印象管理。CSR 报告或环境报告中的非财务信息是反映公司在社会、经济、治理方面业绩的重要载体，日益受到投资者关注，在资本市场中发挥着重要的作用。因为 CSR 报告和环境报告存在文字表述较多、可验证度低、无严格的法律法规监督、无须第三方独立审计等特点，所以公司更容易在 CSR 报告和环境报告中实施印象管理。

国内外学者对公司定期报告（年度报告、可持续发展报告和 CSR 报告等）中的印象管理进行了广泛的研究。通过梳理国外学者在企业印象管理方面研究，总结出公司管理层常用的印象管理手段。

混淆策略和操纵可读性是常见的印象管理手段。混淆策略使得公司欲传达的信息被掩盖。考特（Court，2004）研究了公司在定期披露中的混淆策略，并提出两种信息披露的策略：编报时混淆信息和歪曲或隐瞒事实，目的是故意借助不透明的信息减轻投资者的焦虑或通过歪曲或隐瞒不利的事实误导投资者。混淆策略可以基于操纵报告的可读性。默克尔—戴维斯和布伦曼（Merkl-Davies and Brenman，2007）认为，管理层常用来对企业的报告进行印象管理手法主要有：变更报告的主题和排版，以影响阅读者的感官感受，以及操纵文字和语言的修辞手法等。艾莎哈等（Aishah et al.，2011）在考察了马来西亚上市公司 CSR 报告的可读性后发现，上市公司 CSR 信息披露中语法复杂难以理解且 CSR 报告可读性与公司绩效有关，为达到印象管理的目的，业绩较差的公司管理层在 CSR 信息披露中倾向于选择晦涩难懂的语言陈述混淆事实，使报告阅读者难以理解。梅洛尼等（Melloni et al.，2017）考察了公司整合报告中的印象管理行为，发现公司在整合报告中使用的篇幅更长且可读性较差（信息不简明）。此外，梅洛尼等（2017）还发现经济和社会绩效表现较差的公司对外提供的整合报告中的信息较为模糊，也鲜有提供关于可持续性绩效方面的信息（信息完整性差）。塔尔博特和博伊拉尔（Talbot and Boiral，2018）提出公司在 GRI 报告中披露不规范以及广泛的运用印象管理使得利益相关者难以对公司之间气候绩效进行合理的评估和比较。马丁内斯—费雷罗等（Martínez-Ferrero et al.，2019）基于印象管理理论发现公司在信息披露中运用了混淆披露策略，CSR 绩效较差的公司披露的信息相对而言不平衡、不准确和不清晰，CSR 报告中的信息更为乐观、篇幅较长和信息可读性较差。

公司信息披露中语调、语气也被管理者用于操纵外界对公司形象的看法。例如，查尔斯等（Charles et al.，2010）研究了公司在环境信息披露中的语言、语调的运用上是否存在自利倾向。基于美国 10K 年报，他们研究发现环境绩效较差的公司在信息披露时陈述采用乐观的、模糊的词汇表露出"乐观"和"不确定语调"，这证明了操纵信息披露中的语言以及模糊性词汇被用于管理利益相关者印象的工具。戴维斯等（Davis et al.，2012）认为语调是公司在对自身"信息包装"时要考虑的关键因素，因为这会影响市场参与者对信息的理解和感知。马丁内斯—费雷罗（2019）等提出在印象管理战略领域内，公司通过对主题内容、口头语气操纵和操控披露篇幅、语法作为印象管理工具。梅洛尼等（2017）考察了公司整合报告中的印象管理行为，发现公司在整合报告中语调和言语的叙述上更乐观（信息不平衡）。默克尔—戴维斯和布伦曼（2007）提出，公司管理层进行印象管理主要通过操纵信息披露的数量、内容等以及陈述口气等手段。

公司定期报告中除了文字叙述，还有图形、表格等展现信息的方式。图表被证明可用于实施印象管理。琼斯（Jones，2011）对 CSR 报告中图表的运用进行了调查，发现在 CSR 报告中图表被广泛地用于印象管理。对于好消息以及空气污染、污染物排放、能源使用和职工权益等信息公司管理层倾向于使用图表进行展示和说明。但是琼斯（2011）的研究认为，公司没有正确地使用图表提高其公司信息披露的沟通效率。赵等（2012）在研究公司可持续发展报告中是否使用了更多的图表用于展示公司良好的社会和环境绩效时发现，社会绩效较差的公司在社会类信息披露中采用较多图表来印象管理。博伊拉尔（Boiral，2013）在对 23 份受到"A"或者"A+"评级的可持续发展报告的研究后发现，大部分图片展示的内容与公司实际业务、活动是脱节的。博伊拉尔（2013）认为，公司运用印象管理策略披露不可靠、误导和不透明的信息和图像用于突出和夸大公司在可持续发展上的承诺。赵等（2012）研究了多个多家公司可持续发展报告中图表的使用情况，发现公司在编制的报告中"增强"和"混淆"策略的证据，并提出在不同监管制度结构下，公司间的印象管理具有较大差异。

公司在信息披露的过程中可能会操纵报告内容。例如，掩藏公司的负面事项、遗漏某些重要的信息，甚至采用虚假的陈述等方式。例如，赵等（2012）发现公司可以操纵可持续性报告中提供的信息，以获取和强化正面形象，掩盖公司的负面事项。博伊拉尔（2013）在对23份受到"A"或者"A+"评级的可持续发展报告的研究后提出，公司运用印象管理策略披露不可靠、误导、不透明的信息和图像用于突出和人为夸大公司在可持续发展上的承诺。具体来说，公司对外的报告往往遗漏重大负面事件信息，这有违其披露信息的平衡性、完整性透明性。塔尔博特和博伊拉尔（Talbot and Boiral，2018）对能源部门公司的可持续发展报告中温室气体排放有关的信息披露中的印象管理战略进行了研究，并发现大部分的报告信息披露不规范。他们的研究确定了四类印象管理策略，其手段是证明公司行为的正当性（借口和承诺以减少事件的影响）以及掩藏（通过战略遗漏和数字操纵）。黄（Huang，2005）区分了两类印象管理，第一类印象管理涉及含糊陈述，例如"我们看好这家公司的前景"，第二类印象管理包括"虚假的陈述和暗示"等，具有欺骗性、误导性，他认为第二类实施印象管理的公司可被依法起诉。

公司对外报告时颜色也被用于印象管理。考蒂斯（Courtis，2004）对港股上市公司的年报中的视觉修辞进行了研究，发现年报中色彩的运用与公司盈利能力的变化有关。不同颜色传递的信息有差异，管理层有意运用年报中颜色影响报告阅读者的感知和投资时的判断。自利性归因也是常见的印象管理手段。默克尔—戴维斯和布伦曼（2007）发现，公司管理者刻意地选择对公司有利的财务绩效标准和归因方法等[31]。塔尔博特和博伊拉尔（2018）对可持续发展报告中温室气体排放有关的信息披露中的印象管理战略进行了研究，发现公司可以通过找借口以证明公司行为的正当性的方式进行印象管理。

综上所述，通过对梳理国外学者对企业年度报告中的印象管理手段的研究，可以将印象管理手段分为操纵可读性、操纵报告内容、主题等、语调和自利性归因这几大类。其中，操纵可读性具体包括：混淆报告的内容、操纵文字和语言的修辞手法、晦涩难懂的语言、增加篇幅、视觉操控和图表突出展示等。报告内容的操纵包括：含糊陈述、掩藏负面事项和遗漏重要信息，甚至在报告中虚假陈述。

国内学者也发现我国上市公司在年度报告中存在大量的印象管理。学者较早对财务报告中的印象管理进行了研究。阎达五和孙蔓莉（2002）认为非财务信息质量的重要指标之一是可读性，并对深市B股发行公司年度报告可读性进行了研究，发现在年度报告中存在大量的表述操纵。赵敏（2007）总结自愿性信息披露中印象管理的常见手段：操纵信息披露内容与格式、自利性归因和操纵信息阅读难度。

除了年度报告中的财务报告，学者发现CSR报告也被公司管理层操纵用于印象管理。孟鑫（2012）以报告页数和平均句子长度来衡量CSR报告的可读性，研究发现业绩优良的公司的CSR报告篇幅长于业绩交叉的公司，绩效差的公司CSR报告平均句子长度长于业绩较优的公司。他认为，业绩较差的公司通过增加句长混淆对公司不良业绩的产生原因的解释。学者还对不同情境下的印象管理进行了研究。例如，杨洁和郭立宏（2017）对负面报道后民企和国企间接的印象管理策略进行了比较研究，并发现负面报道类型对两类企业印象管理策略的使用存在差异，针对可辩解的负面报道，国企增加印象管理策略，民企则减少策略。黄溶冰等（2019）对企业在外部融资需求时采用印象管理进行"漂绿"的行为进行了研究，发现环境信息披露中普遍存在"漂绿"现象，有外部融资需求的企业"漂绿"程度相比无外部融资需求的企业更高，而漂绿的企业更易获得银行的信贷支持。此外，除了企业年度报告、CSR报告等中存在印象管理的痕迹，袁莹（2018）、魏哲（2017）发现了在管理层业绩预告更正和MD&A报告中也存在印象管理的证据。

综上所述，学者较早对公司财务报告中的印象管理进行了研究，并发现印象管理不仅局限于财务报告中，年度 CSR 报告、独立环境报告甚至内部控制报告等都可以被公司用于实施印象管理。管理者通过操纵信息披露的内容、修辞、语言、篇幅、视觉感受等增加阅读难度，或通过自利归因和隐藏负面信息等改变外界对公司看法，以达到自身形象管理的目的。这可能会影响公司对外报告中信息披露的质量。此外，虽然学者对多类情境下公司的印象管理进行了研究，例如，媒体报道后的印象管理、公司形象受威胁时的印象管理和外部融资时的印象管理等，但是目前缺乏对受到环境行政处罚的上市公司印象管理的研究。此外，环境信息作为公司对外披露的重要非财务信息，对投资者而言是重要的投资决策参考。那么，如何基于印象管理理论来解释环境行政处罚对环境信息披露的影响是目前研究中的空白，有待进一步探究。

2.5 环境信息披露价值相关性的研究与述评

2.5.1 环境信息披露与公司价值

自从阿米尔和莱夫斯（Amir and Lev's，1996）提出公司非财务信息价值相关性的研究以来，许多学者检验了年度报告或 CSR 报告中自由裁量的环境信息披露对公司经济上的作用（Aerts et al.，2008；Clarkson et al.，2013；Qiu et al.，2016）。理查森等（Richardson et al.，1999）较早提出了环境信息披露对企业价值的影响机制。他们的研究认为，环境信息披露从现金流量效应、折现率效应和市场过程效应三种渠道影响企业价值。他认为，上市公司披露任何与企业价值相关的信息，例如 CSR 信息和环境信息等，都会对上市公司债券市场和股票市场产生直接影响。环境信息披露的市场过程效应是指信息披露后的投资者偏好以及快速价格暗示。折现率效应就是资本成本效应。投资者愿意为"绿色产品"支付溢价，投资者的偏好影响了对公司资本成本的要求，在预期现金流量相同情况下，具有社会责任感的投资者愿意接受更低的投资回报率。

环境信息披露的预期现金流量效应的产生可能是有以下几个原因：（1）环保项目的净现金流量估计。公司披露的环境信息，例如，披露改善现存的环境问题、保证生产经营时绿色环保等信息，预示着公司未来法律诉讼成本及环境修复成本这可能较低，这有利于保障公司净现金流最大化。环境信息披露影响了投资者对公司未来的净现金流量或投资回报的预估。（2）未来监管成本。公司环境信息披露用于市场评估未来严格环境监管而产生的费用，由此影响了公司的预期现金流量。（3）预期产品市场效应。环境信息披露可能会通过消费者对于环境敏感型公司产品和违反环保法规公司生产的产品的需求，从而对产品市场甚至公司价值产生直接影响。

近年来文献中对环境信息披露的价值相关性研究越来越多，不同国家环境信息披露制度规定、环境信息披露的载体都有差异，相关实证研究对此给出了模棱两可的回答。许多学者研究了环境、社会和治理（以下简称ESG）报告或CSR报告等对企业价值的影响，提供了环境信息披露对公司价值产生积极影响的证据。例如，郎等（Lang et al.，2003）认为，公司提高信息披露是通过降低代理成本的纯现金流效应直接影响企业价值。弗里德曼和帕滕（2004）实证检验了美国股票市场对TRI信息以及10K报表中环境信息披露的反应，研究表明公司对较差的环境业绩有负面反应，而对于环境信息披露则是有正面反应。沙德维茨和尼斯卡拉（Schadewitz and Niskala，2010）调查了2002~2005年芬兰上市公司依据GRI指南编制的可持续性报告的对外披露的价值相关性，并发现两者之间存在正相关关系。卡内瓦莱和马祖卡（Carnevale and Mazzuca，2014）发现，欧洲银行发布的可持续性报告对其市场价值有积极的影响作用。Yu等（2018）调查ESG信息透明度对公司价值的影响，采用彭博ESG披露分数代表公司ESG

信息披露的透明度，实证检验后发现上市公司从 ESG 信息披露中所受益的远大于所付出的成本，研究结果支持提高 ESG 信息披露可以提高公司价值的观点。泰勒等（2018）发现，CSR 信息披露增加企业价值，特别体现在公司的社会责任战略的披露，而非仅仅环保倡议的披露。拉杜阿内等（Radhouane et al.，2018）认为投资者和客户是公司两类最重要的利益相关者群体，以法国最大的 120 家上市公司为研究样本，采用系统广义矩阵法检验了环境报告对客户绩效和市场价值的影响。研究发现，环境报告提高了与客户相关的业绩和相关行业公司的市场价值。

部分学者从环境信息的自愿性披露或强制性披露探究环境信息披露对公司价值的影响。例如，阿尔—图瓦伊里等（Al-Tuwaijri et al.，2004）发现，美国上市公司环境信息披露水平与经济绩效正相关。博托桑等（Botosan et al.，2011）采用联立方程模型控制了环境绩效因素，发现公司价值与自愿环境信息披露之间显著正相关。克拉克森等（Clarkson et al.，2013）研究发现，只有剔除自愿性环境信息披露因素，TRI 信息披露才与资本成本显著正相关，并认为自愿环境信息披露是通过未来财务业绩预测方式提高了公司价值。普拉姆利等（Plumlee et al.，2015）探讨了公司价值及构成要素（预期现金流量和权益资本成本）与自愿环境披露质量的相关关系，发现自愿环境信息披露质量通过资本成本和现金流两条路径与公司价值建立联系，正面信息披露的质量与公司价值显著正相关。莫布斯（Mobus，2015）检验了公司强制性环境披露与后续的环境业绩的关系，发现公司将信息披露作为合法性策略时，强制性披露环境违规类信息降低了环境违规的发生，改善了公司的环境业绩。

但是，也有学者也发现环境信息的披露与公司价值之间存在负相关关系。例如，比尤利和李（Bewley and Li，2000）、内尔万（Nelwan，2016）的研究发现，加拿大和瑞典公司的环境信息披露与企业价值负相关。哈恩和库恩（Hahn and Kühnen，2013）认为，公司环境报告对公司价值的贡献在于为利益相关者提供了有价值的信息，满足了他们对信息的需求。哈塞尔等（Hassel et al., 2005）采用瑞典上市公司披露的环境信息来衡量环境业绩，研究发现公司环境业绩与对公司市场价值显著负相关。此研究结果也支持了公司履行环境责任并非提高竞争优势和获取高投资回报的手段的观点，相反履行环境责任增加了公司的成本，因此会有损公司价值。琼斯等（Jones et al., 2007）以澳大利亚上市公司为研究样本，发现可持续性披露与公司价值显著负相关。普拉姆利等（Plumlee et al., 2015）发现，一般行业的环境信息披露与财务绩效正相关，而重污染行业则相反。赵等（2015）以美国制造业上市公司为研究样本的研究也得出了相似的结论，他们也发现公司的环境报告与公司市场价值之间的负相关关系。王（Wang, 2016）基于 Ohlson 价值评价模型，研究发现自愿性的环境信息披露与公司价值显著正相关，但在划分环境敏感性行业与非环境敏感性行业后，却发现强制性环境信息披露与公司价值显著负相关。库珀和拉曼等（Cooper and Raman et al., 2018）实证检验了公司社会责任声誉是否减轻或加剧了 GHG 排放对公司价值可能造成的负面影响，发现社会责任声誉并不能使公司免受温室气体排放对公司价值的负面影响，且公司社会责任绩效声誉越高，对企业价值的不利影响越大。

也有部分学者发现公司对外报告中环境信息披露与公司价值之间不存在相关性。例如，科米尔和马尼安（Cormier and Magnan, 2007）以加拿大、法国和德国的上市公司为研究样本，发现环境信息的披露对德国上市公司的市场估值有一定的影响，但是对加拿大和法国公司股市估值影响不大。戈特舍等（Goettsche et al., 2016）基于美国上市公司样本，研究了顾客对公司可持续性报告价值相关性的影响，并发现顾客对可持续性报告价值相关性的影响只有在盈利水平较低时存在，且伴随着公司盈利能力的增加这种影响会消失。邱等（Qiu et al., 2016）检验了公司的环境和社会信息披露对公司盈利能力和市场价值的影响，发现公司社会类信息披露对公司盈利能力和市场价值有积极影响，但是该研究并未发现环境信息披露与公司盈利能力和市场价值之间有任何关系。费尔贝滕和加默施拉格等（Verbeeten and Gamerschlag et al.，2016）以德国 140 家上市公司为研究样本，研究发现公司价值与 CSR 报告中社会类信息的披露具有相关性，但是与环境类信息的披露却不存在相关性。哈桑（Hassan，2018）标准普尔上市公司为样本，实证检验了自愿环境信息披露在影响公司价值中组织可视度的中介作用，结果表明公司之前年份的环境信息披露并不能影响目前公司的价值。

　　国内大部分的研究也提供了环境信息披露与企业价值之间具有相关性的证据。有的研究发现二者之间存在负相关关系。例如，李正（2006）研究了上交所上市公司社会责任信息披露水平与公司价值的相关性，研究认为，履行社会责任短虽然期内降低了公司价值，但长期来看并未损害公司价值。吕备和李亚男（2010）从系统管理视角研讨了环境信息披露与公司价值的相关性，发现公司价值与环境信息披露显著负相关，且经营风险在环境信息披露与企业价值之间扮演中介效应。权小锋和吴世农（2015）研究了企业社会责任与股价崩盘风险，认为企业社会责任更多地体现了一种掩饰管理层失德行为的自利工具，而非提升股东财富的利器。常凯（2015）以重污染行业上市公司为研究样本，研究了环境信息披露与公司市场价值和无形资产市场价值之间的关系，研究发现上市公司环境信息披露程度与市场价值显著负相关，但是与无形资产市场价值显著正相关。任力和洪喆（2017）将公司环境会计信息分为"硬披露"和"软披露"两类，实证检验了环境信息披露是否通过资本成本效应和预期现金流量效应影响企业价值，研究发现对企业价值产生实质性负面影响的是硬环境信息，且主要是通过预期现金流量效应降低了公司价值。李世辉和何绍丽等（2018）检验了 CSR 报告中有关水信息的披露对企业价值的影响作用，研究发现二者之间显著负相关。

　　国内学者的研究提供了环境信息披露能够促进企业价值提升的证据。例如，唐国平和李龙会（2011）的研究发现，环境信息披露与公司价值有微弱的相关性，披露环境信息的公司的市场价值较高。张淑惠和史玄玄等

（2011）探究了公司价值与环境信息披露的关系，发现企业价值的提升源于因环境信息披露而增加的预期现金流。郑军（2012）实证发现，资本市场对上市公司价值信息披露有正向反应，价值信息披露水平与公司价值显著正相关。刘想和刘银国（2014）在公司治理的视角下考察 CSR 信息披露与企业价值之间的关系，发现企业承担社会责任不利于短期利益，但是可以提高企业长期价值。李宏伟（2016）基于信号传递理论解释并验证了环境信息披露水平与公司价值显著正相关，且环境信息披露对公司价值的促进作用受到内部监督机制有效性的制约。李雪婷等（2017）的研究发现了碳披露对企业价值有提升作用，且公司碳排放越高提升作用越明显。基于我国 40 家钢铁行业上市公司，周叶（2019）发现环境信息披露与公司价值显著正相关，上市公司完善环境信息披露能够提高公司价值。张祝浩（2019）发现，对于重污染上市公司，环境信息的披露水平、质量对公司价值起到提升作用，且公司面临的环境压力越大，促进提升作用越明显。

在信息披露对公司价值的影响这一类研究中，大部分是从年度环境信息披露总量的角度进行的，文献中缺乏环境信息披露增量对企业价值影响的研究。一部分的研究提供了信息披露增量有经济作用的证据。例如，希利等（Healy et al., 1999）发现，增加信息披露的公司的股价在同期有明显的提升，而这与当期的盈余状况无关。拉吉戈帕尔和文卡塔查拉姆（Rajgopal and Venkatachalam）在研究中提出，如果信息披露行为差异产生了价值相关性的增量信息，那么会增加股票的收益波动性。奥尔萨托（Orsato，2006）认为，提高环境信息披露质量需要付出更多的成本或者追加投资，无法给企业直接经济利益。也有研究发现，公司跨国交叉上市面临更高的信息披露要求及监管，相比交叉上市之前，增加披露的那部分信息因降低了信息不对称而使公司拥有较低的资本成本及较高的市值。基于国内企业的研究方面，李强和李恬（2017）发现，在产品市场竞争的压力下，企业环境信息披露会因发生扭曲降低环境信息

第 2 章 理论基础与文献综述

质量,这损害了企业价值。程新生等(2015)认为披露行为差异表现为定期报告披露内容的详细程度不同,基调积极的增量信息带来良好的股市反应,产生超额收益和交易量。

综上所述,在环境信息披露价值相关性的相关研究中,既有研究认为公司对外报告中环境信息披露对公司价值的负面影响,也有的研究发现二者之间正相关以及不相关。支持环境信息披露对公司价值有利的学者认为,信息披露的收益远大于所付出的成本,环境信息披露是通过影响资本成本、预期现金流量等方式影响公司价值。支持环境信息披露对公司价值无利或无关的学者认为,管理层将环境信息披露用于掩饰其失德行为的工具,而非提升公司价值的利器。虽然有些类别环境信息披露对企业价值是有利的,但履行环境责任增加了公司的运营成本;负面或强制性的环境信息披露被市场解读为公司面临的潜在环保支出信号,这有损企业价值。

研究结论不一致的原因可能在于以下几方面:第一,有些研究未严格区分环境信息披露质量和环境信息披露水平,对环境信息披露的测度方法、维度不一致,这可能使得研究结论存在差异。第二,在环境信息披露价值相关性的研究中,所指的环境信息披露既有水披露、碳披露、温室气体披露等特定类别的独立披露,也有环境报告和 CSR 报告等综合性的信息披露等。披露上的差异使得研究结果之间的可比性较弱。第三,国家、制度背景和所在行业的差异使得各研究结论不一致。

综上所述,现有文献仅从年度环境信息披露总量的角度对环境信息披露的价值相关性进行了研究,缺乏从信息增量的角度检验环境信息披露对公司价值影响的研究。在我国,很多上市公司的 CSR 报告或年度环境报告在不同年份变化不大,除了具体的事项和数字变动,表述几乎不做调整,可以说是套用照搬,被称为"克隆报告"。真正变化的信息披露部分对投资者或者信息使用者才是有意义的。因此,相比年度环境信息总量,从信息增量来探究环境信息披露对公司价值的影响更有意义。

2.5.2 环境信息披露与权益资本成本

众多学者针对企业环境信息披露对权益资本成本影响进行了实证研究。国外许多学者研究表明，环境信息披露与企业的权益资本成本之间有相关性。例如，博托桑和普拉姆利（Botosan and Plumlee，2002）发现，企业环境信息披露会降低权益资本成本，在环境敏感型企业中格外明显。阿茨等（Aerts et al.，2008）选取美国、比利时、法国、德国、荷兰等国的上市公司为研究样本，研究发现高质量的环境信息披露通过证券分析师盈余预测间接降低了公司的股权融资成本。达利瓦尔等（Dhaliwal et al.，2011）发现，前一年股权资本成本较高的企业倾向于在本年度开始披露企业社会责任活动，其后果是股权资本成本也随之降低。雷弗尔特（Reverte，2012）发现，西班牙上市公司的CSR评级与公司的资本成本显著负相关，且在环境敏感行业更为显著。雷弗尔特认为企业CSR披露是为了降低公司管理层与外部投资者之间信息不对称的一种沟通工具。普拉姆利等（Plumlee et al.，2015）基于美国上市公司的研究发现环境信息披露质量越高，股权融资成本越低。

基于我国沪深A股上市公司，国内学者研究了环境信息披露对权益资本成本的影响。例如，沈洪涛等（2010）发现，环境信息的披露能明显降低权益资本成本，这说明我国资本市场中的投资者在投资决策中关注了公司年报中披露的环境信息。吴红军（2014）发现，环境绩效好的公司披露更多内容具体和可验证的环境信息，而公司环境绩效差则多披露空泛的信息，借此进行印象管理。但只有披露更多具体、验证性强的信息对于降低权益资本成本才更有效。李姝和赵颖等（2013）发现，CSR报告降低权益资本成本的"首次披露"效应，但对已披露CSR报告的上市公司而言，CSR报告质量对权益资本成本的影响不明显。李和刘（Li and Liu，2018）研究了我国A股上市公司CSR报告披露质量与资本成本之间的关系，研究发现 CSR 信息披露降低了企业的权益资本成本。基于中国资本市场的相关研究表明：一方面，我国资本市场的投资者已经在投资决策中重视公司年报中披露的环境信息，公司披露环境信息可以降低权益资本成本；另一方面，环境信息披露具有信号传递作用，相对空泛的、低质量的环境信息披露，只有披露具体、可验证的环境信息能够显著降低权益资本成本。

在关于环境信息披露降低权益资本成本的解释上，目前形成三类观点。第一类观点：环境信息披露降低了投资风险，使投资者要求的投资回报率降低；第二类观点：环境信息披露提高了股票需求以及流动性，使得权益资本成本降低；第三类观点：高质量的环境信息提高了分析师盈余预测的准确性，减少了信息风险使得股权融资成本降低。

但是，也有部分学者的研究发现环境信息披露与权益资本成本之间不存在相关性。例如，弗朗西斯等（Francis et al.，2008）在研究中同时考虑自愿性信息披露质量因素和盈余质量因素对权益资本成本的影响，发现若不考虑盈余质量等因素，二者之间显著负相关；若考虑盈余质量因素，二者间的负相关性则较弱。克拉克森等（2013）以美国重度污染型行业的公司为研究对象，探究了环境信息披露质量与权益资本成本的关系，认为外界对公司环境政策、环境行为较为了解，环境信息披露无法为投资者提供增量的信息时，那么环境信息披露就不会影响权益资本成本。部分国内学者也发现企业环境信息披露与权益资本成本不具有线性相关性。例如，张淑惠等（2011）发现公司披露的自愿性环境信息和资本成本无显著相关性，并认为环境信息披露降低资本成本的效果不明显。袁洋（2014）在对环境信息的财务性和非财务性进行了区分，基于重污染型上市公司，研究了环境信息披露质量和权益资本成本的关系，发现财务性的信息质量和权益资本成本有负相关性，但是非财务性信息质量和权益资本成本基本无相关性，提出我国投资者相对较为关注财务性环境信息。任力和洪喆（2017）实证检验了中国 A 股市场是否存在信息披露的资本成本效应，发现重污染行业中的环境信息披露和权益资本成本无显著相关性，这说明不存在资本成本效应。还有部分国外的研究得出环境信息披露不仅不能降低权益资本成本，甚至增加权益资本成本的结论。例如，德让和马丁内斯（De'Jean and Martinez，2009）研究发现公司环境信息披露并未降低权益资本成本。Richardson 和 Welker（2001）以加拿大上市公司为研究对象，发现 CSR 信息提高了公司的权益资本成本。克拉克森等（2013）发现美国公司的 TRI 信息披露和资本成本有正相关性。

综上所述，针对环境信息披露与权益资本成本关系的探讨，国内外的研究对此未得出一致的研究结论。现有的研究是基于不同行业和不同情境下的研究，而且不同国家、不同制度背景的环境信息披露的类别是多样的，环境信息披露上的差异使得研究结果之间的可比性较弱。此外，这类研究普遍是从公司年度环境信息总量的角度开展的。虽然达利瓦尔等（Dhaliwal et al.，2011）和李姝和赵颖等（2013）从"首次披露"的角度揭示信息披露对公司资本成本的影响，但尚未有学者从年度信息披露增量的视角研究环境信息披露对权益资本成本的影响。

2.5.3 环境信息披露与债务资本成本

环境信息披露为银行借款契约的重要影响因素。学者从银行借贷或企业债务融资的角度对企业环境信息披露对债务融资成本之间的关系进行了研究。大部分研究支持环境信息披露有助于降低债务资本成本的观点。例如，巴拉特和桑德（Bharath and Sunder，2008）的研究发现，上市公司的信息披露质量不高，获得的贷款期限较短，利率较高；而企业积极披露社会责任信息，有利于其获取利率更低、期限更长的银行贷款。达里瓦尔等（2011）发现，企业自愿披露环境信息能够使得资本成本得到一定程度的降低。中国学者也提供了环境信息披露降低上市公司债务融资成本的众多证据。例如，倪娟和孔令文（2016）证实，披露环境信息的公司能够获得较多的银行贷款,并且债务融资成本较低。李志军和王善平(2011)发现,企业信息透明度越高,贷款信用评级就越高,那么企业的债务融资成本也就越低。阿蒂格等(Attig et al., 2013)发现较完善的 CSR 信息披露会影响评级机构对企业的债务评级,进而降低债务融资成本。郑若娟等(2015)发现,社会责任信息披露对资本成本有负面影响。肖翔等(2019)探究了企业自愿性 CSR 信息披露与融资成本间的交互跨期影响,发现 CSR 信息披露降低了融资成本。陈益云和林晚发(2017)研究发现,企业承担社会责任越多发债时信用评级就会越高。但是,该研究对企业承担社会责任的衡量是采用内容分析法进行赋值,也可认为 CSR 信息披露水平越高的企业信用评级越高。

  重污染型行业企业的环境敏感性与一般企业存在差异。因此,国内学者聚焦于环境敏感性企业和重污染型企业做了许多研究。例如,王晓颖和肖忠意等(2018)发现,企业社会责任履行程度越高,获得的银行贷款越多,且对于重污染行业和强制披露的上市公司这种关系更加明显。蔡佳楠和李志青等(2018)研究了沪市重污染型上市公司的环境信息披露对其银行贷款的影响,发现环境信息披露对贷款规模有负向影响,但是影响程度因融资需求而减弱,这可能是因为重污染行业的公司环境信息会暴露更多的环境风险,引发放贷方对公司生产经营和还贷的担忧。刘婉君(2018)发现,化工行业的上市公司环境信息披露越详尽,债务融资成本就越低。高宏霞和朱海燕等(2018)研究发现,环境敏感型上市公司的环境信息披露质量与债务融资成本之间无明显相关性,但货币性的环境信息披露和债务融资成本有显著的负相关性。王建玲和李玥婷等(2016)的研究发现,上市公司发布 CSR 报告降低债务资本成本具有"首次披露"效应,且 CSR 报告的质量越高,越有助于降低债务资本成本,这种负面关系在非国有和非环境敏感型行业中格外明显。

  国内学者在对环境信息披露影响债务成本或债务融资的研究中也区分了国企和民企,考虑了产权性质不同对二者关系的影响。例如,李姝和谢晓嫣（2014）从民营企业社会责任战略性运用的角度研究了民营企业政治关联、社会责任与债务融资之间的关系，发现企业履行社会责任有助于民营企业获得贷款。钱明等（2016）发现社会责任信息披露缓解融资约束主要体现在民营企业中，对于国有企业并不显著。赵良玉和阮心怡等（2017）发现，CSR报告显著降低了公司的债务融资成本，且信息披露质量越高，债务融资成本也就越低。

在对环境信息披露与债务资本成本关系解释上，学者普遍认为，环境信息披露或CSR信息披露降低了债权人与公司间的信息不对称程度，减少委托代理冲突、避免投资者的逆向选择和增加市场有效性。高质量的环境信息披露降低了债权人要求的风险补偿，释放了优质信号，因此环境信息披露能降低债务融资成本。

此外，张淑惠等（2011）、任力和洪喆（2017）的研究发现，环境信息披露并不能显著降低企业资本成本，他们认为中国资本市场不存在资本成本效应。武恒光和王守海（2016）发现，对于绩效差和绩效好的企业信息披露水平与信用利差的关系并不一致，因此并研究不能提供信息披露与债务资本成本之间既定关系的一致结论。蔡佳楠和李志青等（2018）研究发现，重污染行业上市公司环境信息披露对贷款规模有负向影响。高宏霞和朱海燕等（2018）发现，我国环境敏感型行业上市公司环境信息披露质量对债务融资成本的降低作用不显著。环境信息披露不能降低债务资本成本可能的两点原因。第一，银行等金融机构在做信贷决策时，公司披露的环境信息未能够起到关键的作用；第二，信贷违约风险是银行贷款部门首要考虑的因素。相对于环境信息，银行在信贷对企业的财务信息较为关注。信贷部门放贷时的顾虑在于公司若将有限的资金投入环保中，却无法带来稳定的现金流量，势必提高银行按期足额收回银行贷款本息的风险。

综上所述，学者针对上市公司环境信息披露与债务资融资、信贷规模和债务信用评级等之间的关系进行了广泛的研究。大部分学者认为CSR信息披露或环境信息的披露与债务融资成本有相关性,但这类研究绝大多数是从年度披露总量角度进行的研究。虽然有文献从 CSR 报告"首次披露"能够提供增量信息角度,探讨信息披露对债务资本成本的影响,但仍然缺乏关于环境信息披露增量与债务资本成本关系的研究。

2.5.4 环境信息披露与预期现金流量

国外学者的研究提供了环境信息披露影响公司现金流的证据。例如,戴伊(Dye,1985)和韦雷基亚(Verrecchia,1983)提出,公司自愿信息披露会通过减少交易成本、增加交易需求,从而提高股票的流动性(Dye,1985;Verrecchia,1983),减少公司未来现金流量的不确定性。郎等(2003)在研究发现,公司加强信息披露是通过降低代理成本的纯现金流效应直接影响企业价值。普拉姆利等(Plumlee et al.,2015)发现,未来预期现金流量与自愿性环境披露质量显著正相关。克拉克森等(Clarkson et al.,2013)虽未直接检验环境信息披露对预期现金流的影响,但提供了有关的证据,即高质量信息披露相比行业中的竞争对手未来会有更高的资产收益率。

国外研究中对公司环境信息披露影响公司预期现金流的解释是多角度的。首先,环境信息披露可能会直接影响公司当前或未来的盈利。例如,环境负债、罚款、环境支出或环保投资预算等类信息的披露会降低公司利润。其次,环境信息披露也会通过影响消费者或顾客的支付意愿,进而间接影响预期现金流。例如,汉密尔顿和齐尔伯曼(Hamilton and Zilberman,2006)的研究发现,通过对外环境信息披露,消费者愿意为绿色产品支付较高的价格溢价,这增加了企业的预期现金流。蒙塔邦等(Montabon et al.,2007)针对 45 份美国等国的上市公司的环境报告,研究发现环境管理类的信息披露与公司销售增长显著正相关。陈等(Chen et al.,2015)以瑞典、中国和印度的制造业公司为研究样本,检验环境活动类信息披露和公司销售增长间的关系,发现二者之间显著负相关。此外,环境信息披露还被利益相关者用于预测公司未来的盈利,有助于减少对公司现金流造成的潜在风险。

基于中国资本市场,国内学者也对公司环境信息披露和现金流量的关系进行了研究。张淑惠等(2011)认为,环境信息披露质量与公司价值有正相关性的原因在于,环境信息披露导致了公司预期现金流增加。任力和洪喆(2017)以重污染行业的上市公司为研究对象,发现存在负的预期现金流量效应,这意味着市场将这类公司披露的环境信息解读为面临潜在环保支出的信号。周等(Zhou et al.,2017)发现,对外信息披露质量较高的公司通常具有更稳定的现金流量。倪恒旺等(2015)提出,CSR信息披露的目的在于增强外界对公司的了解,进而增强银行和投资者向企业提供资金的意愿,为企业获得现金提供契机。徐辉和周孝华(2019)考察了CSR信息披露对公司现金持有决策的影响,发现提高CSR信息披露质量缓解了融资约束,减少了次年公司的现金持有量,并增加了公司现金持有的价值效应。

综上所述,国内的研究侧重于CSR信息披露对公司盈利以及现金持有量等方面的影响。而且,这类研究局限于仅探讨了年度环境信息披露总量对预期现金流量的影响,并未揭示环境信息披露增量对预期现金流量的影响。

2.5.5 环境信息披露与股票市场反应

部分研究提供了环境信息披露有助于提高公司市场价值的证据。例如,李等(Lee et al.,2015)发现,在事故和条例颁布之前更频繁和广泛地披露环境信息能够缓解市场的负面反应。弗德曼和帕滕(2004)发现,相比环境业绩好的公司,环境业绩较差的公司受到更多的负面市场反应;与环境信息披露范围较广的公司相比,环境信息披露较少的公司的股市负面反应更大。帕尔萨等(Parsa et al.,2008)研究了股票市场对CSR信息披露的反应，发现大多数上市公司披露 CSR 信息对股票超额收益有积极的影响，但股票市场对 CSR 信息披露的反应较财务信息披露相对迟缓。艾尔特斯等（Aerts et al., 2008）针对欧洲和北美上市公司，研究了环境信息披露对股市的影响，发现提高环境信息披露，可以提高证券分析师盈利预测的准确性。在国内，郑军（2012）研究发现，股市对上市公司披露的价值类信息产生正向反应，价值类信息披露水平与公司价值显著正相关。然而，也有研究结果显示，CSR 信息披露对企业价值的影响不显著。例如，陈玉清和马丽丽（2005）以我国 2000 年之前上市的 A 股公司为研究对象，发现社会责任信息的披露与我国公司价值的相关性不强，但行业间的价值相关性有明显差异。此外，还有研究表明，韩国股票市场对公司自愿性的碳披露有负面的反应。

环境信息披露在危机情境下可以被用于危机沟通策略。许多研究表明，不同的对外危机沟通策略将会影响公司的市场价值。例如，斯通等（Stone et al., 2015）探讨了辉瑞公司在 Celebrex 危机期间是采用了提高股东价值的方式与外部沟通，并发现公司采取适应性和防御性策略使得公司的股价得到了提高。此外，李等（2015）检验了公司与外部频繁的碳沟通在碳披露影响公司价值过程中的调节作用，发现公司在碳披露之前先通过媒体定期、频繁发布碳排放相关信息可缓解碳披露带来的负面市场冲击。此外，环境信息披露可以减轻负面事件对公司造成的潜在危害，从而为公司带来好处。

综上所述，在关于环境信息披露对公司市场价值影响的研究中，有学者认为环境信息披露有利于提升公司的市场价值，也有学者认为环境信息披露对公司市场价值无影响或有负面影响。上述文献中的环境信息既包括 CSR 信息，也包括碳信息。因为环境信息披露的类别不同，因此得到的结论具有差异。在我国，环境受罚公告中的信息披露也是上市公司一类重要的环境信息披露。那么，环境受罚公告中信息披露对公司市场价值有什么影响？能起到什么作用？目前文献中缺乏对此问题的研究。

2.6 负面环境事件对企业价值影响的研究与述评

2.6.1 环境事故与企业价值

根据有效市场假说,股票市场中新的信息将及时、准确、充分地反映在股票价格中,无论正面还是负面的新信息都会引起股票价格的异常波动。许多学者采用事件研究法计算事件窗口期内股票的异常收益率,借此反映各类环境事件对公司市场价值的影响。例如,拉普兰特和拉努瓦(Laplante and Lanoie, 1994)以加拿大 47 起环境事故为研究样本,发现因环境违法而被政府处以罚款的国有企业的股票市值在违法罚款公告日当天下降了约 2%。在此之后,运用事件研究法对不同地区、不同种类环境事件的市场反应的研究大量涌现。古普塔和戈尔达(Gupta and Goldar, 2005)采用事件研究法检验了大型纸造纸、汽车和氯碱业公司的环境评级对其股价的影响,发现宣告公司不良环境业绩使公司股票异常收益率显著为负,股票市场普遍对公司环境不友好行为有明显的负面反应。卡普夫和洛特等(Karpoff and Lott et al., 2005)对公司因违反环境法而遭受的罚款、损害赔偿、补救费用和市场价值损失进行了研究,发现环境违法行为损害公司市场价值主要是通过法律和监管处罚,而非通过名誉损失的惩罚。卡佩尔—布兰卡德和拉古纳(Capelle – Blancard and Laguna, 2010)基于 64 起化工厂爆炸事件,发现爆炸事故发生后股票市场立即出现了负面反应,股东价值在事故发生后的两天内遭受了重大损失。上述研究均发现,股票市场将受负面环境事件的负面影响。然而,文献中也存在争议。例如,伦德格伦和奥尔松(Lundgren and Olsson, 2010)研究了环境事故对世界各地的大型公司的影响,并发现除了欧洲国家的公司,其他国家的股市对环境事故没有明显的负面反应。斯科伦斯和博尔森(Scholens and Boersen,2011)研究了能源行业 209 起重大事故,发现股市未对这些事故产生明显反应。拉米雷亚等(Ramireah et al.,2013)发现,澳大利亚股市对碳减排计划公告很敏感,但是电力行业公司的股票异常收益率并未受公告影响。

近几年,越来越多的学者开始关注环境事故和不良环境事件对中国股市的影响。例如,沈红波等(2012)采用事件研究法分析了紫金矿业污染事故对公司股市的影响,发现 A 股市场对政府处罚、环境诉讼等负面环境事件做出反应较弱,H 股市场能对重大环境事件做出有效反应。王遥和李哲媛(2013)基于 149 起环境事件,采用事件研究法对环境事件的市场反应进行了研究,发现总体上环境事故等负面信息的披露不是股价下跌的信号,但环境事故对化工行业与国企的冲击较强且影响时间较久。陈燕红和张超(2017)发现在环境污染事件前后公司的累计异常收益率有明显下降并有滞后性,但是总体股价对环境污染事件的负面反应不持久。黄等(2017)研究发现 A 股市场会对环境违规事件信息披露产生负面反应,但是随着时间的推移,负面反应越来越弱。唐松和施文等(2019)研究了上市公司环境污染曝光影响公司市值的机制,发现环境污染事件曝光当天的市值平均下跌 1.51%。

对文献中相关研究进行归类,国内外学者对负面环境事件的股市反应的研究大致可以分为两条线:一是新闻媒体曝光环境事件的股市反应;二是政府公开企业环境事件的股市反应。

第一,关于新闻媒体曝光负面环境事件的股市反应方面。研究者发现公司股价对受新闻媒体报道的负面环境事件有负面反应。拉普兰特和拉努瓦(1994)检验了各种环境事故的公告对公司市场价值的影响,发现加拿大国有企业的市场价值在诉讼和解公告后有所降低。徐等(2016)检验了媒体报道的上市公司环境违规事件对股东财富的影响,发现受媒体报道越多的中国上市公司越可能遭受异常的股东财富损失。基于美国颇有影响力报纸头条刊登的 161 起重大环境事故和非环境事故，卡彭蒂尔和苏雷（Carpentier and Suret，2015）发现股票市场总体上对环境事故公告的反应是消极且持久的，也有研究发现新闻媒体报道的一些负面环境事件对股市没有显著负面影响。

第二，在政府官方公开企业环境事件的股市反应方面。许多研究提供了政府环保部门对外公开的公司负面环境事件会损害市场价值的证据。例如，达斯古普塔等（Dasgupta et al.，2001）发现阿根廷、智利、墨西哥和菲律宾的股票市场对环境事件的公告能够做出反应，这些环境事件包括良好的环境绩效也包括公民投诉等。达斯古普塔等（2006）发现韩国企业环境违规信息披露使得企业市场估值显著下降。也有不一致的研究结论，有些研究表明中国股票市场对政府环保部门披露的企业环境违法违规类信息的反应较弱。例如，徐等（2012）发现中国股票市场对环境违法行为的反应不如其他国家强烈，并认为在中国负面环境事件对股票市场有很弱的影响。方颖和郭俊杰（2018）认为，中国股票市场基本上不能对政府披露环境处罚信息做出有效反应。周等（2015）研究了中国上市公司环境违法行为的产业内效应，发现政府披露国有企业的环境违规行为会在一定程度上对同行竞争企业造成了额外的不利影响。除此之外，还有学者检验了环境信息自披露对公司市场价值的影响。例如，有学者研究了我国股市对安全事故公告的反应，发现股票市场对公司自披露生产安全事故有关信息有负面反应（Zhe et al.，2017）。

2.6.2 违规处罚与企业价值

处罚作为监管机构履行职责的重要手段，对维护市场秩序起着重要的作用。除了对负面环境事故，政府或监管机构环境处罚也被视为影响公司价值的负面环境事件。环境处罚将会对公司财务业绩、年度收益和外部融资等方面造成损害。许多研究提供了环境处罚事件损害公司价值的证据。

例如，陈和朱等（Chen and Zhu et al.，2011）研究发现我国监管机构对公司欺诈行为的处罚增加了公司信用风险和信息风险，这降低了公司向银行债务融资的能力。吕峻和焦淑艳（2011）采用超排受处罚以及处罚类型衡量环境绩效，将造纸和建材业上市公司作为研究对象，研究发现环境绩效和财务绩效显著正相关。陈运森和王汝花（2014）发现监管机构的处罚使公司的商业信用额度减少。周和李斯尔（Zhou and Reesor，2015）发现虚假陈述违规处罚会降低公司的债务价值。张平淡和张艾嘉（2018）发现环境违规处罚损害了公司价值，但这种损害有滞后性，且滞后一期影响最显著。

在环境处罚对公司价值影响的解释上，甘顺利（2013）和约翰逊等（Johnson et al.，2014）揭示了声誉损失在违规处罚损害了公司价值过程中的重要作用。甘顺利（2013）运用事件研究法检验了证监会和交易所发布的公司违规行为执法公告的市场反应，发现公告使违规公司股价产生显著的异常损失，且声誉损失远大于处罚直接损失。约翰逊和谢等（Johnson and Xie et al.，2014）的研究发现，监管机构对公司欺诈行为的处罚是通过声誉受损的方式增加公司的销售成本并导致公司业绩下降，而非受不良信息的影响所致。

然而，文献中对此的研究也存有争议。例如，朱冠东和沈维涛（2011）研究表明，股票市场对处罚信息产生短暂的负面反应。股票市场对领导人违规、信息披露违规的反应较明显，对运营违规的反应不明显。马晓敏（2019）的研究发现，行政处罚与我国商业银行的盈利状况正相关，行政处罚能为商业银行带来长期的股票收益。

综上所述，在股市对环境事故反应的文献中，有的研究聚焦于重大环境事故，也有研究聚焦于对一般事故；有的研究将政府公示的企业负面环境事件作为研究对象，也有将研究聚焦于媒体曝光的负面环境事件；有的研究样本是商业银行，有的研究样本是造纸、建材行业公司。研究样本来源迥异以及数据差异等都可能是结论存在争议的主要原因。此外，文献中缺乏关于股票市场对环境处罚事件的反应，以及缺乏关于环境受罚信息自披露反应的研究。另外,虽然有的文献探讨了监管机构处罚对公司价值的影响,但仍缺乏对环境行政处罚与公司市值之间关系的深入探讨,且这类文献多聚焦于监管处罚对债务融资的影响,缺乏监管机构处罚对权益融资和预期现金流影响的研究。

2.7 环境行政处罚、环境信息披露影响企业价值的机理

2.7.1 环境行政处罚对环境信息披露的影响的理论模型

本部分内容借鉴古特曼等(Guttman et al., 2006)构建的盈余信息披露理论模型,在此基础上,在模型中加入环境行政处罚变量,通过拓展理论模型,推导环境行政处罚与公司环境信息披露之间的内在联系。

1. 基础模型的假定

设定公司真实的环境绩效为 x,此时,x 服从均值为 x_0,方差为 δ^2 的正态分布。由于公司内部与外部之间的信息不对称的存在,企业管理者作为环境信息披露的主体,可以获得的公司环境真实的环境绩效 x,但是资本市场中的其他的投资者等利益相关者无法获知公司真实的环境绩效水平,只能通过公司对外披露的环境信息了解公司的环境绩效 x_r。根据理论分析,公司环境信息披露被用于合法性管理、印象管理等,用于管理者自利目的。此时,本章建立公司管理者的效用函数,如下式所示:

$$f(x, x_r) = \eta FV(x_r) - \kappa(x - x_r)^2$$

式中,$\eta FV(x_r)$ 代表管理者的薪酬水平取决的公司价值,公司价值增值越大,管理者获得的报酬越大。系数 η 代表,管理者的获得的报酬对公

司价值增值的敏感度。$\kappa(x-x_r)^2$ 代表公司管理者因对环境信息操纵所产生的相关成本。公司实际环境绩效水平与实际披露的水平的差值 $(x-x_r)$ 体现出管理者环境信息披露操纵的程度。若 κ 系数为正值，说明管理者对环境信息披露操纵程度越大，管理者因信息披露操作面临的法律、监管、声誉等成本越高。该效用函数反映出管理进行环境信息披露操纵可获得相应的额外收益以及所承担的相应成本。

2. 考虑环境行政处罚因素后的模型

公司受到环境行政处罚将受到更多的社会、监管机构、媒体对公司环境信息披露的关注，这将提高环境信息披露操纵的惩罚成本，也就是提高效用函数中系数 κ 的值。本章将提高后的系数设置为 κ'。存在 $\kappa'>\kappa>0$。此外，环境行政处罚有损公司的价值、声誉等，管理层因此将受到额外的惩罚。这个额外的惩罚表示为 F_M，且 $F_M>0$。此时，当考虑环境行政处罚时，管理者的效用函数可以表示为：

$$f(x,x_r)=\eta FV(x_r)-\kappa'(x-x_r)^2-F_M$$

由效用函数可知，当公司受到环境行政处罚时，管理者在进行环境信息披露 x_r 时，会综合考虑因为信息披露操纵所带来了收益，以及由环境行政处罚而带来的监督和成本上的约束。

依据相关理论，受到环境行政处罚情况下，公司管理层为了自利目的会强化自身的印象管理和合法性管理，而这将直接影响公司的环境信息披露水平和质量。因印象管理和合法性管理而导致的环境信息披露的操纵可以表示为 $\sigma(x-x_r)$。其中，σ 系数与公司操纵信息披露进行合法性管理和印象管理程度有关。本书将在第 3 章提出研究假设，对环境行政处罚对环境信息披露的影响进行实证检验。

2.7.2　环境行政处罚、环境信息披露影响企业价值的理论模型

本部分内容借鉴汤姆·科普兰（Tom Copeland）提出的 FCFF 模型

(Free cash flow for the firm),在此基础上加入环境信息披露变量和环境行政处罚变量,通过拓展 FCFF 模型推导环境行政处罚、环境信息披露和企业价值之间的逻辑关系,揭示环境行政处罚下环境信息披露对企业价值的影响机理。

1. 基础模型:企业价值估值模型

$$FV = \frac{CF}{WACC - g} = \frac{CF}{\omega_1 ECC + \omega_2 DCC - g}$$

其中,FV 代表公司价值,$WACC$ 是加权资本成本,ECC 是权益资本成本,DCC 是债务资本成本。CF 是预期现金流量。ω_1 是权益资本成本的权重,ω_2 是债务资本成本的权重。g 是公司的稳定增长函数,是一个常数。

2. 考虑环境信息披露的企业价值估值模型

由文献可知,环境信息披露对企业价值能够产生影响。当考虑环境信息披露时,公司价值可以表示为:

$$FV = \frac{CF(EID)}{WACC(EID) - g} = \frac{CF(EID)}{\omega_1 ECC(EID) + \omega_2 DCC(EID) - g}$$

其中,$WACC$、ECC、DCC 和 CF 均是 EID 的函数。根据文献可知 $CF'(EID) > 0$,$ECC'(EID) < 0$,$DCC'(EID) < 0$。此外,$WACC > g$ 成立。

$$FV'(EID) = \frac{CF'(EID) \times [\omega_1 ECC(EID) + \omega_2 DCC(EID) - g] - CF(EID) \times [\omega_1 ECC'(DIE) + \omega_2 DCC'(EID)]}{[\omega_1 ECC(EID) + \omega_2 DCC(EID) - g]^2}$$

所以,$FV'(EID) > 0$,预期环境信息披露与公司价值之间具有正相关关系。

3. 考虑环境信息披露与环境行政处罚影响的理论模型

由文献可知,环境信息披露能够影响公司权益资本成本、债务资本成本、预期现金流量和公司价值。此外,环境信息披露也受到环境行政处罚

第2章 理论基础与文献综述

的影响，环境信息披露（EID）是环境行政处罚（PEN）的函数。因此，本书将环境信息披露（EID）变量与环境行政处罚变量同时纳入理论模型中，试图通过理论模型明晰以下问题：环境行政处罚影响公司价值吗？环境行政处罚如何通过环境信息披露影响公司价值？

$$FV = \frac{CF(PEN, EID)}{WACC(PEN, EID) - g} = \frac{CF(PEN, EID)}{\omega_1 ECC(PEN, EID) + \omega_2 DCC(PEN, EID) - g}$$

根据相关文献，权益资本成本（ECC）是环境行政处罚（PEN）和环境信息披露（EID）的函数。ECC可以表示为：

$$ECC(PEN, EID) = \lambda_1 PEN + \lambda_2 EID(PEN)$$

EID是PEN的函数；DCC是PEN和EID的函数。DCC可以表示为：

$$DCC(PEN, EID) = \phi_1 PEN + \phi_2 EID(PEN)$$

EID是PEN的函数；CF是PEN和EID的函数。CF可以表示为：

$$CF(PEN, EID) = \varphi_1 PEN + \varphi_2 EID(PEN)$$

接下来，将FV公式对PEN求导。首先对ECC求导，可得：

$$ECC'(PEN, EID) = \lambda_1 + \lambda_2 EID'(PEN)$$

环境行政处罚会提高公司的权益资本成本，所以，λ_1大于0；环境信息披露有助于降低权益资本成本，因此，λ_2小于0。

$EID'(PEN)$的系数代表环境行政处罚与环境信息披露的相关性，$EID'(PEN)$的系数需要在第3章的研究以及第4章的研究中获得。通过理论分析，本书认为环境行政处罚对环境信息披露产生负面影响，$EID'(PEN)$系数为负数。因此，$ECC'(PEN, EID)$的系数应该为正值。

其次，对DCC求导，可得：

$$DCC'(PEN, EID) = \phi_1 + \phi_2 EID'(PEN)$$

环境行政处罚会提高公司债务资本成本，所以，ϕ_1大于零；环境信息披露有助于降低公司债务资本成本，因此，ϕ_2小于0。

对于$EID'(PEN)$的系数，它代表环境行政处罚与公司环境信息披露的相关性，$EID'(PEN)$的系数需要在第3章的研究以及第4章的研究中获得。通过理论分析，本书认为环境行政处罚负向影响了公司环境信息披露，$EID'(PEN)$ 系数为负数。因此，$DCC'(PEN, EID)$ 的系数同样应该为正值。

接下来，对 CF 求导，可得：

$$CF'(PEN, EID) = \varphi_1 + \varphi_2 EID'(PEN)$$

环境行政处罚会降低公司预期现金流量，所以，φ_1 小于0；环境信息披露有助于提高公司预期现金流量，因此，φ_2 大于0。

对于 $EID'(PEN)$ 的系数，它代表环境行政处罚与公司环境信息披露的相关性，$EID'(PEN)$ 的系数需要在第3章的研究以及第4章的研究中获得。通过理论分析，本书认为环境行政处罚负面影响了公司环境信息披露，$EID'(PEN)$ 系数为负数。因此，$CF'(PEN, EID)$ 的系数应该为负值。

那么，将 FV 对 PEN 求偏导，得到：

$$FV' = \frac{[\varphi_1 + \varphi_2 EID'(PEN)] \times [\omega_1 ECC(PEN, EID) + \omega_2 DCC(PEN, EID) - g] - [CF(PEN, EID)] \times \{\omega_1[\lambda_1 + \lambda_2 EID'(PEN)] + \omega_2[\phi_1 + \phi_2 EID'(PEN)]\}}{[\omega_1 ECC(PEN, EID) + \omega_2 DCC(PEN, EID) - g]^2}$$

首先，根据上述分析，$\varphi_1 + \varphi_2 EID'(PEN)$ 小于0，$\lambda_1 + \lambda_2 EID'(PEN)$ 大于0，$\phi_1 + \phi_2 EID'(PEN)$ 大于0。

因此，$[\varphi_1 + \varphi_2 EID'(PEN)] \times [\omega_1 ECC(PEN, EID) + \omega_2 DCC(PEN, EID) - g] - [CF(PEN, EID)] \times \{\omega_1[\lambda_1 + \lambda_2 EID'(PEN)] + \omega_2[\phi_1 + \phi_2 EID'(PEN)]\} < 0$ 成立，那么，$FV' < 0$。

通过上述分析，在考虑环境行政处罚对环境信息披露产生影响的条件下，环境行政处罚能够显著降低公司价值。为此，本书在第4章提出了研究假设，对环境行政处罚通过环境信息披露中介作用影响公司价值进行了实证检验。

2.8 本章小结

在环境保护意识日益增强的今天，环境信息披露作为企业与外界沟通环境绩效、展现社会责任的重要渠道，其重要性越发凸显。本章首先对环境信息披露的相关理论进行了系统梳理，构建起研究的理论基础。外部性理论揭示了企业经济活动对环境的正负外部效应，强调了环境信息披露在缓解环境负外部性、促进可持续发展中的关键作用。信息不对称理论则指出，由于企业与投资者、消费者等利益相关者之间存在环境信息的不对称，环境信息披露成为降低信息不对称、增强市场透明度的重要途径。利益相关者理论进一步强调，企业应关注并满足所有利益相关者的需求，环境信息披露正是企业对环境利益相关者负责、实现共赢发展的具体体现。

在理论基础之上，本章对与环境信息披露相关的研究进展进行了全面而深入的文献梳理。研究发现，企业环境信息披露的发展与测度是学界关注的重点之一，从最初的定性描述逐渐发展到定量评估，形成了多种测度方法和指标体系，为评估企业环境绩效提供了科学依据。同时，合法性管理与环境信息披露的关系也备受瞩目，企业往往通过环境信息披露来维护其合法性地位，尤其是在面临环境负面事件时，合法性管理理论为理解企业的环境信息披露行为提供了重要视角。此外，印象管理理论也被引入环境信息披露的研究中，探讨企业如何通过信息披露来塑造和修复其环境形象，以应对公众和市场的期望与压力。

尽管环境信息披露的研究已经取得了显著进展，但仍存在一些重要的研究空白和待解之谜。特别是在环境行政处罚对环境信息披露的影响方面，现有研究显得尤为不足。环境行政处罚作为政府对企业环境违规行为的直接制裁手段，其对企业环境信息披露行为的影响机制尚不清晰。基于合法性管理理论和印象管理理论，可以推测环境行政处罚可能会促使企业增加环境信息披露，以修复受损的合法性地位和形象，但这种推测是否成立，以及环境行政处罚如何具体影响企业的环境信息披露策略、内容和质量，都需要进一步的研究来验证。此外，在关于环境信息披露的经济影响的研究方面，现有文献大多是在理查德森等（1999）的研究基础上，从环境信息披露的"折现率效应""现金流量效应"进行的研究。此类研究大多聚焦于年度环境信息披露总量与公司价值的相关性上，忽视了年度环境信息披露增量对公司价值的影响，这在一定程度上限制了学者们对环境信息披露经济后果的全面理解。特别是在环境行政处罚影响公司价值的过程中，环境信息披露增量可能扮演着重要角色，但其具体经济影响及其作用机制尚待深入探究。在环境信息披露对公司市值影响的研究方面，同样存在诸多未知领域。特别是在环境受罚公告中，企业的信息披露如何影响股价波动以及这种影响是短期的还是长期的，都缺乏系统的实证研究。环境受罚公告作为企业环境负面事件的重要信号，其信息披露的质量和方式可能对投资者的决策产生重要影响进而影响公司的市值和长期发展。然而，现有文献对于这一领域的研究尚显不足，无法为我们提供充分的理论和实证支持。

鉴于上述研究空白和未知领域，本书对环境行政处罚下环境信息披露影响公司价值的机理进行了深入分析，试图揭示环境行政处罚如何影响企业的环境信息披露行为以及这种行为如何进一步影响公司的市场价值和投资者决策。这不仅有助于填补现有研究的空白，还能为企业应对环境行政处罚、优化环境信息披露策略提供理论指导和实践参考。

第3章 环境行政处罚对上市公司环境信息披露的影响研究

3.1 引　言

公司年度环境信息披露可以作为环境战略来缓解合法性危机，或自利性工具以获得合法性。根据合法性理论，公司在受到环保部门起诉、受到监管罚款、面临环境事故或环境危机的情况下会增加某些环境信息披露。基于印象管理理论，有研究发现，公司管理者在信息披露时混淆公司实际的环境绩效以追求自身利益最大化；也通过增加年度环境报告的阅读难度或提供不完备的信息以混淆、隐藏负面类信息。那么，公司年度环境信息披露如何受到环境行政处罚的影响？目前文献中缺乏对此问题的研究。

在相关研究中，学者们大多采用基于内容分析的指数法测度环境信息披露。该方法通常是区分环境信息内容是否披露、详细程度如何、定性披露还是定量披露来赋值，其暗含的假设是定量披露的质量高于定性披露，信息披露文字越多质量越高。内容分析的指数法能够测度环境信息披露水平，却无法反映出环境信息的真实性、可靠性和可理解等信息质量特征。在众多环境信息质量特征中（相关性、可靠性、可理解性、可比性、平衡性、完整性），哪方面的信息质量特征受到环境行政处罚的影响？目前相关文献也没有给出答案。为了弥补目前研究中的不足，本章以合法性理论与印象管理理论为理论基础,从环境信息披露水平和环境信息披露质量方面,揭示环境行政处罚对上市公司环境信息披露的影响,并识别出究竟哪些环境信息质量特征受到处罚的影响。

3.2 理论分析与提出假设

萨克曼(Suchman,1995)将合法性概念引入企业和组织的研究中,并将合法性定义为一种感知或假设,即组织的行动在某种社会构建的规范、价值观、信仰和定义体系中是可取的、适当的或适当的一般性的感知或假设。组织的合法性是动态变化的,当不具备合法性时,组织需要获得合法性,而具有合法性的组织需要维持合法性。林德布洛姆(Lindblom,1994)总结了组织获得合法性、维持合法性的四种策略:第一,告知利益相关者组织行为的改变;第二,改变利益相关者的感知;第三,转移某些利益相关者的关注,操控企业外部公众的感知;第四,改变社会的期望。

环境信息披露常被企业用作获取合法性的工具,以缩小企业期望的感知与实际被感知之间的合法性差距。迪根和兰金(1996)的研究发现,在被起诉的情况下,公司倾向于增加信息披露应对其对其合法性构成的威胁。沃萨梅等(Warsame et al.,2002)发现,受到政府罚款的公司更倾向于向外界披露更多有条理、具体和可核实的关于公司环境活动的信息。米尔恩和帕滕(2002)通过采用"实验决策案例"表明公司对外披露正面的、积极的信息有时有助于恢复或修复公司的合法性。赵(2009)发现公司倾向于在环境事故和灾难期间增加年报中的环境信息披露量,因为当公司面临危机时对合法性策略有更大需求。德维利尔斯等(De Villiers et al.,2011)发现,公司通过在年报、可持续发展报告中增加安全信息的披露量以应对感知的合法性威胁。孟晓华(2014)发现,在环境违规行为被曝光后,环境绩效较差的公司会相对增加环境信息披露,但会相对披露更少的

第3章　环境行政处罚对上市公司环境信息披露的影响研究

负面或敏感的信息。根据上述文献，公司通常通过增加披露积极的、正面的信息以应对合法性威胁。

根据环保部的上市公司环境信息披露指南，在我国，自愿性环境信息大多是正面的环境信息。因为环境信息披露会影响其他利益相关者如何看待其合法性。受到环境行政处罚时，管理层会认为公司的合法性受到威胁，为了弥补合法性"缺口"、缓解合法性危机，则有动机增加披露正面的环境信息以展示公司在环保、可持续发展上的努力。因此，提出研究假设1。

研究假设1：环境行政处罚提高了上市公司自愿性环境信息披露的水平。

年报往往被公司管理层用于印象管理，主动地塑造利益相关者对组织业绩和已发生事件的看法。印象管理的常见手段是自利归因和操纵可读性。自利归因倾向包括选择性倾向和自我表述倾向。选择性倾向是指管理者有选择披露影响公司业绩的事项，例如故意夸大或者隐瞒某些信息。自利性归因倾向是指公司倾向于将与业绩不相关的因素引进来。此外，管理者也会通过操纵年度报告的可读性来进行印象管理。若管理者想掩盖负面信息，会在年度报告中增加阅读难度来混淆负面行为或业绩。梅尔克尔—戴维斯和布伦南（Merkl–Davies and Brennan，2007）将印象管理战略分为两类："归因"和"隐藏"。"归因"表现为将公司好的业绩或成果归因于管理层的管理能力，将负面的组织成果归因于组织外的其他因素。"隐藏"表现为管理者强调公司正面的业绩或者混淆负面业绩。许多研究者发现公司的信息披露受到印象管理的影响。例如，梅尔克尔—戴维斯和布伦南（2007）认为管理层进行印象管理主要通过操纵信息披露的数量、内容等以及陈述口气等。赵等（2012）发现，公司操纵可持续性报告中提供的信息，以获取和强化正面形象，掩盖公司的负面事项。梅洛尼等（2017）发现，那些财务绩效以及社会绩效较差的公司在整合报告中提供了不准确、不完整的CSR绩效信息。马丁内斯—费雷罗等（2019）发现，公司通过强调正面的业绩或通过隐瞒CSR报告中的不良业绩进行印象构建。由上述文献可以推断，印象管理将影响环境信息披露。

本章基于印象管理理论分析环境行政处罚对强制性环境信息披露的影响。当公司的财务业绩和 CSR 业绩较差时，管理层会有更强烈的印象管理动机。此外，环境行政处罚损害了公司的声誉，管理层有动机去改变外界对公司业绩表现的看法，并避免处罚危机升级可能会给公司造成的进一步的经济损失。因此，本研究推断环境行政处罚将增强公司的印象管理动机。

文献中，印象管理的过程中的自利归因倾向包括"选择性偏向"和"自我表述偏向"。受到环境行政处罚时，公司在环境信息披露中的自利归因倾向主要反映在"选择性偏向"上。具体而言，在受到处罚后，管理者会减少信息披露水平，并隐藏某些负面、敏感的信息，以尽可能避免危机升级。此外，因为印象管理策略可以基于"隐藏"，既可以通过主题、内容操作，或者也可以采用积极的、复杂的词汇进行。因此，通过操纵公司对外提供的正、负面信息披露量，管理层可以将外界的关注点从不良信息和负面信息转移到好消息上。

2010 年环保部发布的《上市公司环境信息披露指南》（以下简称《指南》），要求重污染行业上市公司定期披露环境信息，并以此作为各级环保部门对上市公司环保核查的内容。《指南》中规定的强制性环境信息多为负面的、敏感的环境信息，例如重大环境问题发生情况、一般工业固体废弃物和危险废物已发处置情况等。本研究认为增加负面、敏感的信息无助于维护和挽回形象。反之，在环境处罚下，披露一些与事实不相符的负面或敏感信息，可能会增加证监会和地方环保部门的调查的风险，这可能导致处罚危机升级。对于受到环境处罚的重污染行业上市公司，不充分的信息披露监管使得公司即使没有披露某些敏感的和负面的环境信息，也不会受到监管部门的惩罚。因此，重污染上市公司通常会采取防御性的环境信息披露策略，减少负面敏感信息披露以期达到降低来自外部风险的目的。

对受罚公司环境信息披露的分析也可以在成本收益的分析框架内进

第3章 环境行政处罚对上市公司环境信息披露的影响研究

行,在这个框架内假设管理者是经济人。本书认为,我国现行的环境信息披露制度背景下,环境信息披露是基于成本收益的权衡,但与公司实施印象管理并不矛盾。成本收益的权衡可能是公司倾向于采取防御披露策略实施印象管理的原因。强制性环境信息披露受到成本收益因素的制约。对于市场监管者而言,对上市公司实施环境信息披露监管,其成本包括监管机构的运营费、处理违法行为过程中造成的社会资源消耗。因此,对监管机构而言,合理的选择是适当的监管。在我国,上市公司环境信息披露的监管力度不够,环境信息披露不规范或违规而受处罚的概率相对较低。考虑到对这些负面的、敏感的环境信息的披露而可能产生的经济风险,受罚公司的理性选择是减少敏感信息的披露,甚至隐瞒这类信息。强制性环境信息披露在我国主要是指负面的和敏感的环境信息。所以,提出研究假设2。

研究假设2:对重污染行业上市公司,环境行政处罚降低了强制性环境信息披露的水平。

本章基于印象管理理论分析环境行政处罚对环境信息披露质量的影响。许多文献表明,当企业社会责任或财务业绩不佳时,管理者有更大的动机去混淆信息。环境行政处罚加强了公司的印象管理。一方面,当公司形象受到环境处罚的影响,管理层需要用事后印象管理维护受环境处罚损害的公司形象(维护形象动机)。另一方面,信息不对称为管理层伺机实施印象管理提供了可能。管理层最了解公司实际的环境状况。在信息不对称的情况下,管理层倾向于在年度环境报告中模糊化披露组织负面业绩或披露误导性的信息以弱化事件对公司形象的损害。因此,印象管理在一定程度上避免了管理层的声誉损失,并间接演化为公司管理层的实际经济利益。基于上述考虑,本章认为环境行政处罚会促进公司实施印象管理。

公司的管理层可以利用其在环境信息披露中固有的酌处权,通过操纵环境信息披露来"扭曲读者对公司业绩的看法"。对于受罚企业,印象管理的主要手段有"自利归因"和"操纵可读性"。被处罚公司的管理者在信息披露上存在"选择性偏向"倾向,即故意夸大某些信息或隐藏负面敏感信息,这会损害企业社会责任报告或环境报告中环境信息的完整性和可靠性。此外,管理者也有"自我表述偏向",即管理层倾向于在年度环境报告中添加一些与主要业绩无关的信息或因素来解释公司业绩。环境年报中被操纵的环境信息既不能帮助信息使用者预测公司的未来环境绩效,也无助于其了解公司的过去以及当下的环境绩效,从而降低披露的环境信息的相关性。管理者编制的环境报告和CSR报告应当被广大信息使用者所理解。当受罚公司管理层想要混淆负面环境业绩,将会采用操纵可读性的环境信息披露策略。具体而言,通过复杂的叙述性披露提高阅读难度,以影响环境报告阅读者的理解,使得利益相关者很难识别出公司实际的环境绩效。由此,提出研究假设3。

研究假设3:环境行政处罚降低了上市公司环境信息披露的质量。

3.3 研究设计

3.3.1 样本选取与数据来源

本章选取中国沪深两市制造业上市公司作为研究样本,选取制造业是因为制造业比其他行业产生了更多的水、空气、土壤的污染,在环境保护方面承担更多的社会责任。企业环境信息披露的数据来自沪深证券交易所网站发布的上市公司年报、独立的CSR报告和环境报告。环境行政处罚数据来源于公众与环境研究中心(IPE)数据库。财务数据来源于CSMAR数据库,研究获取了706家上市公司披露的环境信息,其中包括334家制造业上市公司。在剔除了18家缺乏解释变量的公司后,得到316家披露环境信息的制造业上市公司。最终的研究样本是316家公司,共 948 个观测值。

根据环保部印发的《上市公司环保核查行业分类管理名录》确定行业的类型。研究样本包括 316 家制造业公司，其中 147 家属于重污染行业，例如金属与非金属矿物制品业、石油加工炼焦、化学原料、制品、纤维制品业、纺织业等行业。非重污染行业上市公司共 169 家，其中包括设备制造业、机械、器材制造业、仪器仪表制造业等行业。

3.3.2 变量选取与测度

1. 环境信息披露水平（EIL）的测度

借鉴前人的研究，采用内容分析法测度环境信息披露水平。环保部在 2010 年发布的《上市公司环境信息披露指南》中规定了上市公司年度环境报告的内容和形式。上市公司需要按照指南中的要求进行年度环境信息披露。孟等（Meng et al.，2014）结合该指南定义了环境信息披露水平测量项目。本书采用了 Meng 等定义的 43 个测量项目。这些测量项目可分为 7 大类，包括：环保价值观、政策和环保组织架构、环境管理体系和主动性、环保技术、环境投资与支出、资源消耗与环境绩效、环保公益活动、污染控制与环境守法重大环境影响/事件与风险管理（见表 3-1）。类别中，"污染控制与环境守法""重大环境影响/事件与风险管理"属于非自愿性环境信息，是环保部要求重污染行业上市公司需要披露的环境信息，属于强制性披露的内容。

环境信息披露水平测量采用"指数化技术"，根据披露程度，每个测量条目从 0 到 3 赋值。如果条目是定量量化方式，取值 3；若具体但非量化说明，取值为 2；一般概要类描述取值 1；没有任何说明为 0（e.g.，Al-Tuwaijri et al.，2004；Bewley and Li，2000；Zeng et al.，2010）。因此，将不同测量条目的得分相加可以得到每一家的环境信息披露指数。

表 3–1　　　　　　　　　　环境信息披露测量项目

类别	测量项目
环保价值观、政策和环保组织架构	（1）经营者环境的价值观。 （2）环保方针和目标。 （3）环保组织架构与人员职责
环境管理体系和主动性	（1）ISO 等环境认证。 （2）自愿清洁生产。 （3）环保教育及培训。 （4）厂区绿化与工作环境改善。 （5）与利益相关者环境信息交流。 （6）环境会计推行。 （7）参与政府环保项目。 （8）环保荣誉。 （9）第三方环境审计
环保技术、环境投资和支出	（1）环境技术的研发。 （2）废物处理与技术开发。 （3）环保设施的建设与运行。 （4）环保贷款或投资。 （5）环境有关的政府拨款和补贴等待。 （6）环保经常性支出
资源消耗与环境绩效	（1）总资源消耗。 （2）总污染排放。 （3）单位原料的资源消耗、水资源消耗、能耗等。 （4）单位原料的废水量、主要污染物排放量、温室气体排放量等。 （5）环保收益如三废收入等。 （6）降低排放的社会效益
环保公益活动	（1）环保的社会活动。 （2）对全球气候变暖等潜在环境影响。 （3）其他环境活动
污染控制与环境守法	（1）达标排放情况。 （2）总量减排任务完成情况。 （3）"三同时"制度执行情况。 （4）排污费缴纳情况。 （5）一般工业固体废物和危险废物依法处置情况。 （6）排污许可证申领。 （7）噪声情况。 （8）环境影响评价

续表

类别	测量项目
重大环境影响/事件与风险管理	（1）环境违法，环境污染事故。 （2）环境风险管理体系建立和运行情况。 （3）重大环境影响的建设项目。 （4）是否被列入污染严重企业名单。 （5）是否有重大风险源。 （6）居民投诉。 （7）环保法规对经营有重大影响。 （8）突发环境事件应急预案的完备情况

2. 环境信息披露质量（EIQ）的测度

基于对社会责任信息使用者的问卷调查，潘安妮（Pan Ane，2012）从相关性、可靠性、可比性、清晰性四个方面测度环境信息披露质量。雷托尼恩和萨普考斯基恩（Leitoniene and Sapkauskien，2015）从相关性和可靠性两方面衡量社会责任信息披露的质量。吉利（2013）构建了中国上市公司 CSR 信息质量特征体系，并将 CSR 信息质量特征归纳为相关性、可靠性、可理解性、可比性、平衡性、完整性。本章借鉴了吉利（2013）等构建的社会责任信息质量特征体系中的环境信息质量特征项目，为了区分每一特征项目的重要程度，邀请专家对其重要性进行打分。专家对题项打分的分值区间是 1～5 分（a. 非常重要 5 分；b. 重要 4 分；c. 一般 3 分；d. 不重要 2 分；e. 非常不重要 1 分），共邀请 62 名专家，包括从事企业社会责任研究的教师、年报编制报者、环境报告评估机构、媒体和证券分析师。选择这些专家是因为他们需要高质量的 CSR 信息以评价企业的社会责任绩效。从媒体机构中选专家是因为媒体与专业评估机构联合推出各种评级、榜单，对企业环境信息质量有深层次的理解。选取证券分析师是因为他们是环境信息的重要使用者群体，需要参考年度环境信息披露提高盈余预测的准确度。

接下来，进行问卷的信度和效度检验。问卷总体的 Cronbach's alpha 系数为 0.8559，各质量特征的 Cronbach's alpha 系数最小值均大于 0.7 的可接受水平，表明问卷的信度很高。如表 3-2 所示，问卷的 KMO 值达到 0.794（KMO = 0.794；Bartlett：p-value = 0.00），表明各测量题项之间相关性较好，适合做探索性因子分析。采用主成分分析法同于萃取特征值大于 1 的因子，最大变异法直角转轴，保留因子载荷大于 0.5 的题项。最终，共获得 12 个质量特征测量题项，在对这 12 个测量题项做归纳、概括并赋予共同含义，将其命名为六方面的环境信息质量特征。

表 3-2　　　　　　　　KMO 和 Bartlett 球体检验

KMO 样本测度		0.794
Bartlett 球体检验	Approx. Chi – Square	509.933
	自由度 df	66
	显著性 Sig.	0.000

以对某项目打分的均值与对全部项目打分的均值的比值为权重，得出带有权重的环境信息质量特征体系，如表 3-3 所示。在获取了这 12 个质量特征项目的权重之后，将不同的质量特征项目的得分相加得到该公司环境信息质量指数 EIQ。

$$EIQ = \sum_{1}^{12} \omega_i \times I_i \qquad (3.1)$$

在式（3.1）中，ω_i 代表权重，I_i 代表测量条目的分值。

表 3-3　　　　　　　　环境信息质量特征项目

特征	%	质量特征评估项目
相关性	8.6	I1：反映了企业过去在环保方面的绩效。 （没有披露赋值为 0，简单文字披露赋值为 1，详细文字描述赋值为 2，数据量化赋值为 3）
	7.5	I2：含有未来在环保方面的具体规划信息。 （没有披露赋值为 0，简单文字披露赋值为 1，详细文字描述赋值为 2，数据量化赋值为 3）

第3章 环境行政处罚对上市公司环境信息披露的影响研究

续表

特征	%	质量特征评估项目
可靠性	8.9	I3：经第三方专业机构审验。 （如果审验机构为国际四大会计师事务所或者国际知名社会责任报告审验机构则赋值为3分；若为国内知名审验机构赋值2分；若为某个社会责任领域专家审验则赋值为1分）
可靠性	8.7	I4：环境信息的真实性、准确性。 （社会责任报告"审验声明上载明的审验程度"。全面审验或深度审验赋值为3；公司承诺报告披露的信息真实、准确赋值为2；原则性审验赋值为1；无审验程度说明也无承诺则赋值为0）
可理解性	7.5	I5：信息披露以数量化形式呈现、清晰易读。 （无数量化信息赋值为0；少量信息数量化呈现赋值为1；大量信息数量化赋值为2；数量化信息用表格或柱状图等显示赋值为3）
可理解性	7.8	I6：定性化环境信息直观、形象、易于理解。 （没有图片、案例及新闻实时报道、也无术语解释赋值为0；仅有少量的图片、案例或新闻事实报道、术语解释赋值为1；部分信息有图片、案例或新闻报道、术语解释赋值为2；大量图片、案例或新闻事实报道、术语解释赋值为3）
可比性	7.7	I7：遵循统一的报告编制标准。 （若为《公司法》或《企业环境信息公开办法》则赋值为1；若为参照《上市公司社会责任指引》或《上市公司环境信息披露指引》或《企业环境报告书编制导则》或《上市公司环境信息披露指南》则赋值为2；参照《上市公司环境信息披露指南》《企业环境报告书编制导则》《上市公司社会责任指引》或《上市公司环境信息披露指引》中两种以上则赋值为3）
平衡性	9.6	I8：报告期内是否发生实质性环保负面信息的说明、原因及应对措施。 （环保不良事件以及对现有环保漏洞的整改对策等。没有披露赋值为0；简单文字披露赋值为1；详细文字描述赋值为2；详细描述且量化则赋值为3）
平衡性	7.3	I9：不存在对某一利益相关者的偏向。 （积极回应投资者、债权人、公众、员工政府等关注的实质性环境议题，若在报告中提了对某一利益相关者关注的实质性环境议题赋值为1；若对多个利益相关者关注的实质性议题进行了简单的文字描述赋值为2；若对多个利益相关者关注的实质性议题用数据、图片或表格详细的文字进行描述赋值为3）

续表

特征	%	质量特征评估项目
完整性	8.5	I10：没有遗漏反映重大环境影响的信息。（公司董事会以及全体董事保证报告内容不存在重大遗漏，没有披露赋值为0；若说明赋值为3）
	9.3	I11：涵盖报告期内所有重大环境事件及对未来预测的影响。（如节能减排、重大环境影响的建设项目等对企业发展的影响，没有披露赋值为0；若仅字面提及赋值为1；简单文字描述披露赋值为2；有量化数据的详细说明赋值为3）
	8.6	I12：含该报告期内所有受企业控制或影响的实体环境信息。（公司报告组织范围为集团总部以及下属各单位，没有披露赋值为0；若仅字面提及赋值为1；简单文字描述披露赋值为2；有量化数据的详细说明赋值为3）

3. 解释变量与控制变量的测度

将环境行政处罚（PENALTY）设为解释变量，它是二分变量。当环境违法受到处罚取值为1，否则为0。环境违法处罚的原因可以分为三类：超标排放污染物（EE）、环境污染事件（EPI）、环保违法建设项目（CPAEL）。为了分析这三种类别处罚对环境信息披露的影响，将这三类变量也分别设置了分类变量。

考虑到样本异质性对研究结果产生的不良影响，设置控制变量以尽可能控制或消除这些公司特征因素的复杂影响。控制变量包括：企业规模（Size）、资产负债率（Lev）、所有权性质（Soe）、是否被第三方审计（Audit）、净资产收益率（Roe）、是否属于污染型行业（Pollu）、收入增长率（Growth）、媒体关注（Media）、股权集中度（Herfi5）和年度固定效应（Year）。

公司规模和收入增长能对环境信息披露产生影响。资产规模、营业收入较大的制造业企业相对制造了更多产品以及污染，因此更有可能披露更多的企业环境信息。企业规模（Size）以资产总额的自然对数（年终）作为代理变量来衡量。收入增长（Growth）用公司的营业收入增长率来测度。采用净资产收益率（Roe）用于测度公司的经济绩效，并将其作为控制变量。

不同行业之间的污染程度和外部规制存在差异，行业类型是影响环境信息披露的关键因素。根据环保部发布的《上市公司环保核查行业分类管理名录》，将样本公司分为重污染行业上市公司和其他公司。若该样本公司属于重污染行业，虚拟变量编码为1，否则为0。

资产负债率反映了公司的财务风险和资源冗余。科米尔等（Cormier et al., 2005）发现，高资产负债率与环境信息披露有负相关性。因此，我们将Lev（资产负债率）作为控制变量。

国有企业在环保方面易受政府的关注和获得支持，所以公司所有权性质会影响公司的环境信息披露。若样本公司是国有企业设置为1，否则为0。

金等（Kim et al., 2012）发现，由于社会责任信息披露的监管力度低、约束小，管理层出于自身利益会有选择性的披露CSR信息，或象征性地适用采用CSR报告对公司"漂绿"，而非真正采取行动履行社会责任。若环境报告或CSR报告被第三方审计机构审计，那么将限制公司对环境信息披露的有意的操纵。环境报告或CSR报告被审计，设置变量为1，否则为0。

学者们发现环境信息披露与媒体关注显著正相关。媒体关注是以新闻网站上有关环境相关问题的文章数来衡量的。本章使用百度新闻搜索引擎进行关键词搜索，这些关键词涉及"环境""环境保护""低碳"和"环境破坏"等，采用特定年份媒体报道文章数量作为媒体关注的代理变量。

公司的大股东在获取公司内部信息方面通常比小股东更具有更多优势。对大股东而言，在成本收益权衡下，大股东不太会披露更多的环境信息。之前的研究发现，股权集中度与环境信息披露负相关。因此，选取前五大股东持股比例平方和（Herfi5）作为控制变量。

3.3.3 计量模型

环境信息披露水平与环境信息披露质量，采用相邻两个会计年度进行差分处理。通过做差分处理，可以增强主要解释变量对模型的解释力，也消除了某些随时间不变的影响因素。经差分处理后，将自愿性环境信息披露水平变量表示为 $\Delta VEIL$，将强制性环境信息披露水平变量被表示为 $\Delta MEIL$，将环境信息披露质量变量被表示为 ΔEIQ。

由于研究采用两期的平衡面板数据，同一公司不同年份的残差项可能有相关性，不同公司同一年份的残差项同样存在相关性的可能。为了克服这模型中的这两类相关性，并尽可能避免 OLS 估计和 Eicker – Huber – White 稳健标准误估计的偏差，本章参考了孟晓华（2014）的研究，采用 Petersen 提出的时间序列（年度）与横截面（公司）群聚无偏标准误估计方法和程序。

3.4 实证结果与分析

3.4.1 描述性统计与变量相关性

表 3-4 展示了变量的描述性统计和皮尔逊相关性系数。自愿性环境信息披露水平增量（$\Delta VEIL$）和强制性环境信息披露水平增量（$\Delta MEIL$）均值分别为 0.099 和 0.0012。在相邻年份分布均匀，说明环境信息披露的总体水平在相邻年份变化不大。ΔEIQ 的均值为 – 0.001，说明相邻年份的环境信息披露质量变化也很小。样本公司的总体来说是盈利的（ROE 均值 = 0.068；$Growth$ 均值 = 0.124）。各变量间相关性系数的绝对值不超过 0.5，表明变量间不存在严重的多重共线性。

第3章 环境行政处罚对上市公司环境信息披露的影响研究

表3-4 描述性统计与主要变量相关性系数

变量	Min	Max	Mean	S.D.	ΔVEIL	ΔMEIL	ΔEIQ	Growth	Lev	Roe	Size	Soe	Pollu	Audit	Safty	Media	Herfi5
ΔVEIL	-7.910	11.01	0.099	1.829	1												
ΔMEIL	-6.020	14.01	0.012	1.112	0.236**	1											
ΔEIQ	-0.742	0.466	-0.001	0.170	0.005	0.035	1										
Growth	-1.725	5.970	0.124	0.615	0.283**	0.078*	0.041	1									
Lev	0.031	1.345	0.450	0.204	-0.086*	-0.018	-0.075	0.016	1								
Roe	-2.141	3.499	0.068	0.241	0.098*	0.041	0.087*	0.049	-0.167**	1							
Size	0.777	8.684	4.529	1.361	0.224**	0.068	-0.054	0.012	0.386**	0.114**	1						
Soe	0.000	1.000	0.212	0.409	0.071	-0.006	0.012	0.073	0.044	-0.04	0.017	1					
Pollu	0.000	1.000	0.467	0.499	-0.038	-0.043	-0.124**	-0.074	0.019	-0.029	0.024	-0.051	1				
Audit	0.000	1.000	0.149	0.356	-0.030	0.050	0.067	-0.037	0.06	0.057	0.252**	-0.065	-0.017	1			
Safty	0.000	1.000	0.820	0.385	-0.008	-0.052	-0.028	-0.113**	0.039	-0.05	0.054	0.082*	0.043	0.080*	1		
Media	0.000	13.00	3.502	2.143	0.373**	0.195**	0.003**	0.187**	0.062	0.096*	0.191**	0.041	-0.025	0.058	-0.003	1	
Herfi5	0.000	0.681	0.139	0.126	-0.018	0.018	-0.033	-0.064	0.139**	0.008	0.222**	0.135**	0.047	0.093*	0.072	0.005	1

注：* 表示 $p<0.1$，** 表示 $p<0.05$，*** 表示 $p<0.01$。

3.4.2 环境行政处罚与环境信息披露之间的回归分析

表3-5展示环境行政处罚与环境信息披露之间回归结果。在回归（1）中，本章检验了环境处罚与自愿性环境信息披露水平之间的关系。PENALTY系数显著为正（0.559，$p<0.01$），表明环境处罚对促进公司自愿性环境信息披露水平有正向影响。回归结果支持假设1。在回归（2）中，本章检验了环境处罚与强制性环境信息披露水平的关系。回归（2）的结果表明，环境处罚对强制性环境信息披露水平有负影响（-1.68，$p<0.05$）。回归结果支持假设2的推测，即环境处罚降低了重污染行业上市公司的强制性环境信息披露水平。

表3-5　环境行政处罚与 $\Delta VEIL$、$\Delta MEIL$、ΔEIQ 的回归结果

变量	回归（1） $\Delta VEIL$	回归（2） $\Delta MEIL$	回归（3） ΔEIQ
PENALTY	0.559*** (3.75)	-1.680** (-1.99)	-0.810*** (-6.37)
控制变量	控制	控制	控制
Cons	-2.043*** (-10.71)	-0.263*** (-3.20)	-0.032 (-1.23)
Year	控制	控制	控制
Obs	632	294	632
Adj-R²	0.602	0.191	0.214
F值	68.06***	15.70***	18.37***

注：* 表示 $p<0.1$，** 表示 $p<0.05$，*** 表示 $p<0.01$。t统计量值（列为括号中）根据Petersen公司—年份二维群聚无偏标准误计算得到。

在回归（3）中，本章检验了环境处罚（PENALTY）与环境信息披露质量（ΔEIQ）之间的关系。PENALTY系数显著为负（-0.81，$p<0.01$），表明环境处罚与公司环境信息披露质量负相关。回归结果验证了假设3，

即环境处罚降低了公司的环境信息披露的质量。

3.4.3 单因素方差分析：比较处罚影响的事后检验

环境行政处罚按照处罚的内容可以分为：污染物超标排放（EE）、环境污染事件（EPI）、环境违法违规建设项目（CPAEL）。为了检验不同处罚类型对环境信息披露水平、环境信息披露质量的影响是否存在显著性差异，本章采用单因素方差分析来比较这些影响。首先，进行方差齐性检验。检验中的 P 值分别为 0.166 和 0.757，均大于 0.05，这说明方差齐性假设成立。接下来，采用事后检验比较这些影响。如表 3-6 和表 3-7 所示，表中 P 值均大于 0.1，说明不同类型的环境处罚对自愿性环境信息披露水平和环境信息披露质量的影响没有显著性差异。

表 3-6　　　　　　　　基于 LSD 法的多重比较

变量：ΔEIL					
(I) 类型	(J) 类型	均值差（I-J）	标准误	显著性
EE	EPI	-0.302	0.279	0.287
	CPAEL	0.066	0.247	0.792
EPI	EE	0.302	0.279	0.287
	CPAEL	0.368	0.304	0.234
CPAEL	EE	-0.066	0.248	0.792
	EPI	-0.368	0.304	0.234

表 3-7　　　　　　　　基于 LSD 法的多重比较

变量：ΔEIQ				
(I) 类型	(J) 类型	均值差（I-J）	标准误	显著性
EE	EPI	-0.039	0.092	0.672
	CPAEL	-0.054	0.082	0.509

续表

变量：ΔEIQ				
（I）类型	（J）类型	均值差（I－J）	标准误	显著性
EPI	EE	0.039	0.092	0.672
	CPAEL	－0.015	0.100	0.881
CPAEL	EE	0.054	0.082	0.509
	EPI	0.015	0.100	0.881

3.4.4 比较环境信息披露质量差异的独立样本 t 检验

回归结果显示，环境行政处罚与环境信息披露质量增量（ΔEIQ）负相关。环境信息质量特征包括多个方面，如相关性、可靠性、可理解性、可比性、平衡性和完整性。为了确定环境受处罚下究竟哪些环境信息质量特征变化量有显著性差异，本章采用独立样本 T 检验对此进行了分析。

如表 3－8 所示，受罚公司和未受处罚公司的环境信息质量特征差分的均值（ΔEIQ）存在差异，表 3－9 展示了独立样本 T 检验分析结果。独立样本 t 检验分为两步：第一步，进行 Levene 方差齐性检验。第二步，两两总体均值的 t 检验。样本 1 中，受处罚公司在相关性、平衡性、完整性上的信息披露质量差分（ΔEIQ）的均值与未受处罚公司的有显著性差异。受处罚公司的环境信息披露质量得分均值较低。样本 2 中，受环境处罚公司的环境信息披露质量差分（ΔEIQ）的均值在相关性、可理解性、完整性在统计上显著低于那些未受罚公司。

表 3－8　　　　　　　　　　　　组统计量

信息质量特征	类型	样本 1（2015 年）		样本 2（2016 年）	
		样本数	均值	样本数	均值
相关性	受罚公司	16	－0.019	27	－0.017
	未受罚公司	300	0.002	289	0.018

第3章 环境行政处罚对上市公司环境信息披露的影响研究

续表

信息质量特征	类型	样本1（2015年）		样本2（2016年）	
		样本数	均值	样本数	均值
可靠性	受罚公司	16	0.000	27	0.001
	未受罚公司	300	－0.001	289	0.002
可理解性	受罚公司	16	－0.052	27	－0.003
	未受罚公司	300	0.012	289	0.001
可比性	受罚公司	16	0.024	27	0.000
	未受罚公司	300	0.016	289	0.000
平衡性	受罚公司	16	－0.127	27	－0.045
	未受罚公司	300	0.032	289	－0.065
完整性	受罚公司	16	－0.258	27	－0.052
	未受罚公司	300	－0.001	289	0.019

独立样本 t 检验（见表3-9）表明，受处罚公司在相关性、可理解性、完整性上的信息披露质量得分与未受处罚公司的有显著性差异，说明环境行政处罚降低公司披露质量主要体现在削弱公司 CSR 报告或环境报告中环境信息的完整性、可理解性和相关性三方面。在环境信息质量的完整性上，受处罚企业容易遗漏反映重大环境影响的信息，遗漏报告期内所有重大环境事件和对未来影响的预测，遗漏该报告期内所有受企业控制或影响的实体环境信息；在相关性上，受处罚企业并未真实反映其过去以及未来在环保方面的绩效和具体规划，环境信息对决策相关性较差；在环境信息质量的可理解性上，受罚公司披露的环境信息不直观、较难理解、可读性较差，这说明管理层通过复杂的文本操纵报告的可读性用以误导甚至欺骗利益相关者以及环境信息使用者。

表 3 – 9　　　　　　　　　　　独立样本 t 检验

信息质量特征	类型	样本 1 Levene 检验 F 值	Sig.	T – Test t 值	Sig.	样本 2 Levene 检验 F 值	Sig.	T – Test t 值	Sig.
相关性	假设方差相等	1.279	0.259	-1.991	0.047	0.050	0.823	-2.589	0.010
	假设方差不相等			-2.413	0.027			-2.809	0.008
可靠性	假设方差相等	2.319	0.129	0.168	0.867	1.357	0.245	-0.430	0.667
	假设方差不相等			0.111	0.913			-1.409	0.160
可理解性	假设方差相等	94.31	0.000	4.558	0.000	1.042	0.308	3.531	0.006
	假设方差不相等			1.964	0.064			2.502	0.020
可比性	假设方差相等	0.984	0.322	0.700	0.485	0.375	0.541	-0.305	0.760
	假设方差不相等			0.645	0.528			-1.000	0.318
平衡性	假设方差相等	0.464	0.496	-4.472	0.000	0.279	0.598	0.744	0.457
	假设方差不相等			-5.917	0.000			0.756	0.456
完整性	假设方差相等	491.4	0.000	-19.59	0.000	0.003	0.953	-3.315	0.001
	假设方差不相等			-4.700	0.000			-4.075	0.000

3.4.5　内生性检验与稳健性检验

1. 环境行政处罚对环境信息披露的影响：基于倾向得分匹配法的回归分析

考虑到样本数据的选择偏差，以及自变量与因变量之间双向因果关系可能导致的内生性问题。在本研究中，若受到环境行政处罚公司的环境信息披露水平增量和环境信息披露质量增量本身就存在显著差异，那么研究结果将受内生性问题的干扰。本章采用倾向得分匹配法（PSM 法）控制可能有的内生性问题，以增加研究结论的稳健性。倾向得分匹配法的主要思路是：依据公司的特质，在对照组中找出与受处罚公司组尽可能相似的样

第 3 章 环境行政处罚对上市公司环境信息披露的影响研究

本,匹配出来的两组样本除了在环境信息披露上存在实质性区别,其他方面相似度较高甚至相同,可借此用于检验受处罚组对环境信息披露水平和环境信息披露质量的影响。

参考前人的研究[①],首先采用 Probit 模型估算所有样本公司受到环境处罚的概率,即倾向得分。接下来将受处罚公司的倾向得分与未受处罚公司(对照组)的倾向得分进行匹配。倾向得分匹配的方法主要有 K 近邻匹配、马氏匹配和半径匹配等。本章采用卡尺内的 k 近邻匹配。为了增加匹配的精确性,本章还将卡尺距离设为 0.01 进行灵敏度分析,构建的 Probit 模型如下:

$$Prob(PENALTY) = \beta_0 Lev + \beta_1 Size + \beta_2 Soe + \beta_3 Audit + \beta_4 Safty$$
$$+ \beta_5 Pollu + \beta_6 \sum YEAR + \varepsilon \qquad (3.2)$$

在模型中,变量 $PENALTY$ 是二分变量。若公司受罚变量设为 1,若公司未受到处罚设为 0。参考已有的研究,选取模型中的控制变量。这些控制变量反映了公司的特质,变量包括:公司规模($Size$)、资产负债率(Lev)、是否受第三方机构审计($Audit$)、所有权性质(Soe)、安全生产许可证($Safty$)、公司所属行业类型($Pollu$)和年度($Year$)固定效应。

经倾向得分匹配的平衡性检验,变量在匹配后标准偏差均有所减少,偏差绝对值低于 20,且 T 检验也通过,可以认为倾向得分匹配后的处理结果相对可靠。表 3-10 中第(1)列和第(4)列展示的是式(3.2)的回归结果。模型中,Pseudo-R^2 值分别是 0.284 和 0.161,表明模型中变量具有一定的解释力。表 3-10 中第(2)列、(3)列、(5)列和(6)列以及表 3-11 中的第(7)列和第(8)列是基于 PSM 法匹配的样本的回归结果。第(2)列、(5)列和(7)列是基于近邻匹配法匹配的样本的回归结果,第(3)列、(6)列和(8)列采用卡尺距离为 0.01 的近邻匹

---

① Wang F., Xu L., Guo F. et al.. Loan Guarantees, Corporate Social Responsibility Disclosure and Audit Fees: Evidence from China [J]. *Journal of Business Ethics*, 2019: 1-17.

配法对样本匹配。第（2）列显示，系数 PENALTY 显著为正值。对于重污染行业上市公司，第（5）列和第（6）列中系数 PENALTY 显著为负值。正如表 3-11 中显示的是变量 PENALTY 和变量 ΔEIQ 之间的回归结果，系数 PENALTY 依旧显著为负值。

表 3-10　环境行政处罚对 $\Delta VEIL$、$\Delta MEIL$ 的影响：基于 PSM 法的回归结果

变量	（1）Probit model	（2）Nearest neighbor	（3）Nearest neighbor	（4）Probit model	（5）Nearest neighbor	（6）Nearest neighbor
	PENALTY	$\Delta VEIL$	$\Delta VEIL$	PENALTY	$\Delta MEIL$	$\Delta MEIL$
PENALTY		1.427*** (5.02)	1.452*** (4.67)		-0.435** (-2.17)	-0.325** (-2.25)
控制变量	控制	控制	控制	控制	控制	控制
Cons	-6.889*** (-7.15)	-2.605*** (-4.16)	-3.675*** (-5.47)	-4.271*** (-4.98)	0.443 (1.09)	0.509 (1.34)
Year	控制	控制	控制	控制	控制	控制
Obs	632	152	138	294	120	104
F 值		21.08***	21.20***		9.317***	8.421***
Adj-R^2		0.594	0.649		0.461	0.475
Pseudo R^2	0.284			0.161		

注：* 表示 $p<0.1$，** 表示 $p<0.05$，*** 表示 $p<0.01$。

表 3-11　环境行政处罚对 $\Delta EIDQ$ 的影响：基于 PSM 法的回归结果

变量	Probit model（1）	Nearest neighbor（7）	Nearest neighbor（8）
	PENALTY	ΔEIQ	ΔEIQ
PENALTY		-0.279*** (-5.04)	-0.311*** (-5.17)
控制变量	控制	控制	控制
Cons	-6.889*** (-7.15)	0.239* (1.96)	0.208 (1.60)

续表

变量	Probit model (1) PENALTY	Nearest neighbor (7) ΔEIQ	Nearest neighbor (8) ΔEIQ
Year	控制	控制	控制
Obs	632	152	138
F 值		9.523***	9.030***
Adj – R²		0.428	0.440
Pseudo R²	0.284		

注：*表示 $p<0.1$，**表示 $p<0.05$，***表示 $p<0.01$。

表 3–10 和表 3–11 中，基于倾向得分匹配法的回归结果与前面的回归检验结果一致，说明环境处罚显著正向影响环境信息披露水平（$\Delta VEIL$），并且环境处罚显著负面影响强制性环境信息披露水平（$\Delta MEIL$）和环境信息披露质量（ΔEIQ）。内生性检验说明了结论具有较强的稳健性。

2. 不同类别处罚与环境信息披露（$\Delta VEIL$、$\Delta MEIL$、ΔEIQ）之间回归的结果

接下来，我们检验了环境行政处罚与环境信息披露之间的相关性是否随不同的处罚种类而有差异。根据环境行政处罚的类型设置三个解释变量：EE、EPI 和 CPAEL。将 $\Delta VEIL$、$\Delta MEIL$ 和 ΔEIQ 设为被解释变量。回归检验结果如表 3–12 所示。

表 3–12　不同类别处罚与 $\Delta VEIL$、$\Delta MEIL$ 和 ΔEIQ 之间的回归检验结果

变量	回归 (1) $\Delta VEIL$	回归 (2) $\Delta MEIL$	回归 (3) ΔEIQ
EE	0.572** (2.08)	-0.200* (-1.73)	-0.206*** (-4.39)

续表

变量	回归（1） $\Delta VEIL$	回归（2） $\Delta MEIL$	回归（3） ΔEIQ
EPI	0.364 * (1.81)	-0.071 ** (-1.97)	-0.172 *** (-3.08)
CPAEL	0.666 ** (1.98)	-0.245 (-1.57)	-0.147 *** (-3.17)
其他变量	控制	控制	控制
Year	控制	控制	控制
Cons	-2.046 *** (-10.69)	-0.990 *** (-2.61)	-0.621 (-1.15)
Obs	632	294	632
$Adj-R^2$	0.602	0.172	0.197
F 值	64.35 ***	13.79 ***	15.11 ***

注：* 表示 $p<0.1$，** 表示 $p<0.05$，*** 表示 $p<0.01$。

在表 3-12 中，回归（1）显示的是不同类别的环境行政处罚对自愿环境信息披露水平（$\Delta VEIL$）的影响。变量 EE、变量 EPI 和变量 CPAEL 对变量 $\Delta VEIL$ 有显著正向影响，其系数分别为 0.572、0.364 和 0.666。上述结果表明，这些种类的环境处罚对公司自愿性环境信息披露水平显著正相关。在回归（2）和回归（3）中，变量 EE、变量 EPI 和变量 CPAEL 的系数均为负数，这表明环境行政处罚对公司强制性环境信息披露水平（$\Delta MEIL$）和环境信息披露质量 ΔEIQ 有显著负面影响。上述回归结果均表明研究结果具有较强的稳健性。

3.5 本章小结

本章以我国沪深 A 股制造业上市公司为研究对象，采用两维群聚校正标准误估计的回归和独立样本 t 检验等方法，实证检验了环境行政处罚对上市公

第3章 环境行政处罚对上市公司环境信息披露的影响研究

司环境信息披露水平和环境信息披露质量的影响。最后,基于倾向得分匹配法的内生性检验和分组回归验证实证结果的稳健性。本章有以下三点主要结论。

第一,环境行政处罚提高了上市公司自愿性环境信息披露的水平,合法性理论能够较好解释受罚上市公司的环境信息披露行为。该研究结论支持合法性理论对此的解释,即受环境行政处罚影响,上市公司有实施合法性管理,以缩小环境合法性"缺口"的动机,而合法性管理的形式是公司对外增加披露正面和有利的环境信息。

第二,环境行政处罚降低了上市公司强制性环境信息披露的水平。重污染行业的受罚上市公司不愿意对外披露强制性类的环境信息。尽管政府、监管机构对违法上市公司持续施压会在一定程度上约束公司的环境信息披露,但是法律体系不健全、处罚力度较弱等因素给公司操作环境信息披露留下余地。这些信息披露操纵主要体现在减少了对敏感的、负面类的环境信息的披露,而信息披露操作的形式是对负面、敏感环境信息披露不具体披露和缺乏定量的信息披露。研究结果支持孟等的研究结果,环境违法违规行为被曝光与公司负面、敏感信息的披露之间具有负相关的关系[①]。

第三,环境行政处罚降低上市公司环境信息披露的质量。经独立样本 t 检验发现,环境行政处罚降低环境信息披露质量主要体现在:削弱公司 CSR 报告和环境报告中环境信息的相关性、可靠性和可理解性。该结论与 Martínez – Ferrero 等得出的研究结论相似,即 CSR 绩效较差的公司在 CSR 报告中披露的环境信息不准确、不清晰、平衡性差、内容更长但可读性较差[②]。该研究结论支持印象管理理论对此的解释,即环境行政处罚使公司在环境信息披露时加强了印象管理,这导致了环境信息披露质量的下降。

---

① Meng X. H., Zeng S. X., Shi J. J. et al.. The relationship between corporate environmental performance and environmental disclosure: An empirical study in China [J]. *Journal of Environmental Management*, 2014, 145: 357 – 367.

② Martínez – Ferrero J., Suárez – Fernández O., García – Sánchez I. M. Obfuscation versus enhancement as corporate social responsibility disclosure strategies [J]. *Corporate Social Responsibility and Environmental Management*, 2019, 26 (2): 468 – 480.

第4章 环境行政处罚对公司价值的影响：环境信息披露增量的中介效应

4.1 引 言

众多学者从权益资本成本、债务融资成本和预期现金流量三方面，对环境信息披露的价值相关性或经济影响做了广泛研究和探讨，但是目前学者仅探究了年度环境信息披露总量的价值相关性。在我国，很多上市公司的社会责任报告或年度环境报告在不同年份变化不大，除了具体的事项和数字变动，表述几乎不做调整，可以说是套用照搬的"克隆报告"。考虑到真正变化的环境信息披露部分（信息披露增量）才能够为信息需求者提供额外的信息，对股东、债权人等利益相关者而言更有价值。此外，环境信息披露增量是否具有价值相关性也在于资本市场能否识别，以及如何对待环境信息披露的差异，以及利益相关者是否将环境信息披露增量用于投资决策。因此，本章从年度披露增量的角度探究环境信息披露的价值相关性，这不同于以往的研究。

在受到环境行政处罚后，上市公司无论进行合法性管理还是印象管理，在此期间对环境信息披露的操纵都会影响环境信息披露水平和环境信息披露质量，进而产生了环境信息披露增量。对此已经在第3章进行了实证研究，发现了环境信息披露能够显著影响公司年度环境信息披露。

鉴于此，环境行政处罚在影响公司价值过程中，环境信息披露增量是否发挥了中介效应？这一过程的作用机制在文献中尚未得到解决。针对上述问题，本章在理论分析环境信息披露影响公司价值的机制与路径的基础上，对环境信息披露增量在环境行政处罚影响公司价值过程中的中介效应进行了研究。

4.2 理论分析与提出假设

根据理查德森等（1999）提出的市场过程效应理论，公司披露任何有利或有弊的环境信息，且无论投资者有何偏好，都会对权益工具存在的市场产生直接影响，能够增强股票流动性。环境信息披露降低权益融资成本可能存在两方面的原因。一方面，有企业社会责任感的投资者愿意为"绿色产品"支付溢价，在预期未来净现金流量相同的情况下，对于环境信息披露公司，投资者愿意接受较低的投资回报率。另一方面，环境信息披露能够缓解外界与公司之间的信息不对称，降低投资者所感知的投资风险，使投资者要求的回报率降低。

在受环境行政处罚时，上市公司无论是基于合法性管理动机，还是印象管理动机，其对环境信息披露的操纵都会影响环境信息披露的水平或质量，进而对环境信息披露增量产生影响。在环境行政处罚下，环境信息披露增量是否能够降低公司的权益资本成本在于，权益投资者能否辨识公司信息披露的增量。以下研究为权益投资者能辨识披露信息增量提供了证据。例如，希利等（1999）发现，增加环境信息披露公司的股价在同期有显著的上升，而这种股价的上升与公司当期的盈余表现无关；Dhaliwal 等（2011）发现，前一年股权资本成本较高的企业倾向于在本年度开始披露 CSR 信息，其后果是股权资本成本也随之降低。

理性人是风险厌恶的，对低风险所要求的收益较低，对高风险所要求的收益相对较高。作为理性人，权益投资者面对高风险时，会提高权益资本的最低报酬率，公司的权益资本成本将提高；当面对较低风险时，则要求的报酬率较低益，公司的权益资本成本将降低。负面的环境事件或环境问题将造成公司未来环境风险、经营风险增大。若权益投资者感知到环境行政处罚带来的较高的环境风险以及经济风险，必将要求较高的投资回报率，也就提高了公司的权益资本成本。

环境信息披露增量表现为相邻年度环境信息披露的差异。当环境行政处罚下环境信息披露增量为负时，说明环境行政处罚加重了公司与权益投资者之间的信息不对称，加大了权益投资者感知的投资风险。那么，权益投资者就会提高所要求的最低投资回报率，也就提高了公司的权益资本成本。反之，当环境信息披露增量为正时，增加了权益投资者做投资决策时可参考的信息量，降低了信息不对称程度、投资者获取信息成本和投资者感知的投资风险，最终降低了权益资本成本。基于上述分析，提出如下研究假设：

研究假设4：环境行政处罚提高了公司的权益资本成本。

研究假设5：环境行政处罚通过环境信息披露增量的中介效应影响权益资本成本。

信息不对称带来的信息风险会产生逆向选择问题，即在信息不公开、不透明时，投资者通过提高资金价格来自我保护。对公司而言，拥有较高的环境信息披露质量，说明违反债务契约的可能性较小，债权人要求的风险补偿相应的也就较低。因此，公司所付出的债务融资成本也就较低。

银行债务融资是公司外部融资的主要渠道。公司对外披露的环境信息是银行评估公司环境风险和信贷风险的重要依据，是借款契约的重要影响因素。银行倾向于优先将贷款以较低的利率提供给高信息透明度的公司，较低信息透明度的公司需付出较高的融资成本。披露环境信息的公司能够获得较多的银行贷款，并且债务融资成本较低。不披露环境信息的公司贷

第4章 环境行政处罚对公司价值的影响：环境信息披露增量的中介效应

款期限较短，利率较高。

债券市场是公司外部债务融资的另一条主要渠道。武恒光、王守海（2016）在检验环境信息披露政策是否得到债券市场的回应后发现，相比贷款银行，债券投资者对公司的环境行为及可能引发风险更为重视，投资者"挖掘"了公司披露的环境信息，并将其纳入投资决策中。沈红波等（2012）也发现，投资者能够识别不同类型环境事件的信息含量。程新生、熊凌云等（2015）的研究发现，投资者根据年报披露的信息改变投资预期，做出相应的投资调整。上述研究为债权投资者能够识别、挖掘年度环境信息披露增量，并将其纳入债权投资决策这一观点提供了依据。

2007年7月，中国人民银行、中国银监会和国家环保总局出台了"绿色信贷"政策，要求我国商业银行应对环境违法企业的信贷额度进行严格控制。绿色信贷政策试图将环境风险与信贷风险相结合，借助市场机制及政府管制改善环境问题，该政策使金融机构做信贷决策时需要将公司环境情况、披露的环境信息充分纳入考虑。另外，新环保法的实施改善了违法"执法疲软"，加大了行政处罚力度。为了规避环境风险对财务安全的不利影响，银行等信贷机构对信贷有严格的资格审查，这将使受行罚公司的债务资本成本提高。

理性人是风险厌恶的，对低风险所要求的收益较低，对高风险所要求的收益相对较高。负面环境事件或环境问题将造成公司未来环境风险、经营风险增大。若债权人感知到环境行政处罚带来较高的环境风险以及信贷风险，必将要求较高的回报率。

在受环境行政处罚时，上市公司无论是基于合法性管理动机，还是印象管理动机，其对环境信息披露的操纵都会影响环境信息披露的水平或质量，进而对环境信息披露增量产生影响。当环境信息披露增量为负时，银行和债权投资者做决策时可参考的信息量将减少，由信息匮乏导致的投资风险加大，进而债权人要求风险补偿将提高，最终导致债务资本成本的提高。反之，当环境信息披露增量为正时，增加了债权投资决策时可参考的信息量，降低了信息匮乏导致的投资风险，债权人要求的风险补偿将降低，最终降低了债务资本成本。因此，提出如下研究假设：

研究假设6：环境行政处罚提高了公司的债务资本成本。

研究假设7：环境行政处罚通过环境信息披露增量的中介效应影响债务资本成本。

理论上，环境信息披露降低公司现金流量可能有以下几方面的原因：第一，环境信息披露降低了管理层与外界之间的信息不对称，使得代理成本降低，预期现金流增加。第二，环境信息披露使能得消费者愿意为绿色产品支付较高的价格溢价，这增加了公司预期的现金流量。第三，环境信息披露常被投资者用于评估未来因严格监管而给公司带来的额外成本，有助于投资者对公司未来现金流量的预测，使得公司预期的现金流量增加。

环境信息披露是否存在"现金流量效应"与环境信息披露的内容、类型和质量等有关。例如，美国上市公司环境信息披露对公司现金流量的影响因披露信息的类型、性质的不同而存在差异。张淑惠等（2011）发现，中国上市公司环境信息披露质量与现金流量显著正相关。任力和洪喆（2017）发现，能够发挥"现金流量效应"的仅是"硬信息"的披露。上述研究为环境信息披露增量具有"现金流量效应"提供了根据。

在受环境行政处罚后，上市公司无论是基于合法性管理动机，还是印象管理动机，其对环境信息披露的操纵都会对环境信息披露增量产生影响。此外，依据我国环保部门的规定，受到环境行政处罚的上市公司需要在年度报告中披露环境违法等有关"硬信息"，这也会对公司年度环境信息披露增量产生影响。

受到环境行政处罚，轻则罚款，重则停产、停业，均有碍日常经营活动，势必导致未来一段时间公司现金流量的减少。此外，公司环境行政处罚会降低消费者购买环境违规公司产品的意愿，使得受罚公司销售收入降低，并减少了公司的预期现金流量。当年度环境信息披露增量为正时，不仅提高了投资者的预期现金流量估值，也使得消费者愿意为公司的产品支

第4章 环境行政处罚对公司价值的影响：环境信息披露增量的中介效应

付较高的价格溢价，因此公司的预期现金流量将增大。反之，当环境信息披露增量为负，公司预期现金流量将减少。由此，提出以下研究假设：

研究假设8：环境行政处罚降低了公司的预期现金流。

研究假设9：环境行政处罚通过环境信息披露增量的中介效应影响公司预期现金流。

环境行政处罚将会对公司财务业绩、外部融资和声誉等方面造成负面影响，并通过公司现金流量和融资成本得以体现，最终将损害公司价值。在受环境行政处罚后，上市公司无论是基于合法性管理动机还是印象管理动机，其对环境信息披露的操纵都会影响公司的环境信息披露增量。

一方面，结合本节对环境信息披露增量"现金流量效应""折现率效应"的分析，环境信息披露增量是通过权益资本成本、债务资本成本、预期的现金流量这三条路径，最终影响了公司价值。另一方面，由本节的分析可知，环境行政处罚不仅降低了公司预期现金流量，也提高了权益资本成本和债务资本成本。由此，提出以下研究假设：

研究假设10：环境行政处罚降低了公司价值。

研究假设11：环境行政处罚通过环境信息披露增量的中介效应影响公司价值。

4.3 研究设计

4.3.1 样本选取与数据来源

研究样本来源为中国沪深A股制造业上市公司，将制造业作为研究行业是因为制造业比其他行业产生了更多的三废污染，承担着相对更多的环境责任和社会责任（Darnall et al.，2010；Zeng et al.，2010）。上市公司环境信息披露的数据来源于沪深证券交易所网站，以及上市公司官网上披露的 CSR 报告和年度环境报告。环境行政处罚数据的获取来自公众与环境研究中心（IPE）数据库。财务数据来自国泰安数据库（CSMAR）。在剔除了数据不全的上市公司以及未披露 CSR 或者年度环境报告的上市公司后，最终获得共 948 个样本数据。

4.3.2 变量的选取与测度

1. 被解释变量

（1）权益资本成本。

权益资本成本是指公司为了获取股权资本需要付出的代价，也是股东要求的最低资金回报率。权益资本成本的测度模型主要有资本资产定价模型、APT 模型、三因素模型、GLS 模型、PEG 模型等。资产定价模型、APT 模型、三因素模型这三种模型对有效市场假设的依赖性较强，对于中国资本市场的适用性不强。PEG 模型的优势在于鼓励政策对其约束较小，能更好地解释公司风险及预期收益。毛新述等（2012）的研究证实 PEG 模型能恰当地捕捉到各种风险因素的影响，相比 GLS 模型有一定优势。针对中国资本市场环境，相比 GLS 模型、KR 模型，PEG 模型计算出的权益资本成本作为中国上市公司权益资本成本的代理变量，具有更高的科学性和可靠性。因此，本章采用的是伊斯顿（Easton，2004）提出的 PEG 模型计算权益资本成本。

PEG 模型估计权益资本成本的公式是：$R_{PEG} = \sqrt{(EPS_{t+2} - EPS_{t+1})/P_0}$。

其中，R_{PEG} 代表权益资本成本；EPS_{t+2} 代表两年后的预期每股收益；EPS_{t+1} 代表次年的预期每股收益；P_0 为基期的股价；由于 PEG 估计需要证券分析师盈余预测数据，且伊斯顿的模型建立在短期每股收益是正向增长

第4章 环境行政处罚对公司价值的影响：环境信息披露增量的中介效应

假设之上，对于不符合这两个要求的样本予以剔除。

（2）债务资本成本。

由于中国上市公司不提供不同类别的债务利息（如银行贷款、债券、应付票据以及其他非银行机构贷款），我们参考皮特曼和福丁（Pittman and Fortin，2004）、蒋琰（2009）所采取的方法估算债务资本成本，并对计算值做上下5%的 Winsorize 缩尾处理。

债务资本成本＝利息总支出/期初和期末长、短期债务总额平均值。其中，长期债务包括长期借款、应付债券、长期应付款以及其他长期负债。短期债务包括短期借款及一年内到期的长期借款。

（3）预期现金流量。

根据自由现金流量定义，本章以公司经营活动产生的现金流量净额扣除资本性支出的差额作为现金流量的衡量指标。其中，资本性支出包括购建固定资产、无形资产和其他长期资产支付的现金，以及分配股利和偿付的利息。在实证时，为了方便对比不同规模的公司，将该指标除以年末总资产。

（4）公司价值。

本章选取托宾Q值来衡量公司内在价值，这与万寿义等（2013）、张淑惠等（2011）、李强等（2017）对公司内在价值的衡量方法相同。

托宾Q值＝公司总资本的市场价值/期末总资产＝（股权市值＋净债务市值）/期末总资产。

2. 中介变量

本章将环境信息披露增量作为中介变量。公司环境信息披露水平增量和环境信息披露质量增量的量化方法如下：

（1）环境信息披露质量增量（$\Delta EIDQ$）。

吉利和张正勇等构建了中国上市公司的社会责任信息质量特征体系，并将信息质量特征归纳为相关性、可靠性、可理解性、可比性、平衡性、完整性。本章借鉴了吉利等构建的 CSR 信息质量特征体系中的环境信息质量特征项目，但是为了区别不同质量特征项目的重要性，我们邀请专家对不同项目的重要性进行打分赋权。专家的选取、问卷设计和打分与第 3 章一致。经信度和效度检验，问卷的 Cronbach's alpha 系数为 0.8559，每个质量特征项的 Cronbach's alpha 系数大于 0.7 可接受的水平，问卷的信度较高。问卷的 KMO 值 0.794，表明测量题项之间关系较好，适合进行探索性因子分析。采用主成分分析法获取特征值大于 1 的因子，保留因子载荷大于 0.5 的测量题项，得到 12 个测量题项。在总结测量题项内部关系和共同含义后，将其重命名为 6 方面环境信息质量特性。本章以某质量特征项的打分均值与所有质量特征项打分的均值的比值作为权重，获得带有权重的环境信息质量特征项，如表 3-4 所示。

在获取了这 12 个质量特征项的权重之后，将不同的质量特征项的得分乘以权重后加总，然后除以所有特征项的总分，得出年度环境信息披露质量的值。接下来，本章将相邻两年的环境信息披露质量的值相减，最终得出环境信息披露质量增量。

（2）环境信息披露水平增量（$\Delta EIDL$）。

环境信息披露水平根据企业披露的内容以及程度来识别。目前研究中大多采用内容分析法测度环境信息披露。《上市公司环境信息披露指南》规定了上市公司年度环境报告的内容和形式。上市公司需要按照指南中的要求进行年度环境信息披露。Meng 等（2014）结合披露指南定义了 43 个环境信息披露水平测量项目。本章采用了 Meng 等定义的 43 个测量项目。这些测量项目可分为七大类，包括环保价值观、政策和环保组织架构、环境管理体系和主动性、环保技术、环境投资与支出、资源消耗与环境绩效、环保公益活动、污染控制与环境守法重大环境影响/事件与风险管理。测量项目见第 3 章中表 3-1。

测度环境信息披露水平是要根据披露程度，对每个测量条目进行 0~3 赋值。如果是量化披露方式取值 3；若具体但未量化，取值为 2；简单描述

第4章 环境行政处罚对公司价值的影响：环境信息披露增量的中介效应

则取值1；无叙述为0（e.g., Al-Tuwaijri et al., 2004; Bewley and Li, 2000; Zeng et al., 2010）。

本章将不同测量条目的赋值相加求和，然后除以所有测量条目的总分，得出年度环境信息披露水平的值。接下来，将相邻两年的环境信息披露水平的值相减，最终得出环境信息披露水平增量。

3. 解释变量

解释变量（PENALTY）代表环境行政处罚，是个哑变量，若受到环境行政处罚，取值为1；未受到环境行政处罚，取值为0。

4. 控制变量

本章参考国内外相关的实证文献选择控制变量。考虑到企业规模、负债水平、成长性、盈利能力、发展能力、财务状况等对资本成本、预期现金流量以及公司价值具有一定的影响，因此，模型选取资产规模、资产负债率、总资产收益率、营业收入增长、β系数、总资产周转率、账面市值比、利息保障倍数、公司现金流量作为控制变量。选取变量的理由如下。

公司规模（Size）。公司价值在很大程度上受公司规模的影响。公司资产规模越大，营业收入相对较高，相对来说经营稳定，抵御各种风险得到能力较强，投资者要求的必要报酬率较低，企业价值相对越大。借鉴众多学者的研究，本章采用公司总资产的自然对数衡量公司规模。

财务状况（LEV）。资产负债率反映了公司财务风险和违约风险。资产负债率是影响公司价值、资本成本、预期现金流的重要因素。参考相关的研究，将其设置为控制变量。

盈利能力（ROA）。总资产收益率是判断公司的盈利能力的重要指标。盈利能力是影响公司资本成本和预期现金流的重要因素。盈利能力越强，公司对外部融资扩大再生产的依赖度越低，投资者要求的必要报酬率越低；盈利能力越强，公司的预期现金流越大。借鉴曾颖和陆正飞（2006）、蒋琰（2009）的研究，本章用总资产收益率衡量公司的盈利能力。

发展能力（GROWTH）。投资者对公司发展的预测是很大程度上基于公司的成长性，成长性较高预示着更多的经营现金流量，但成长性较高的企业经营风险相对较大，或许会对企业价值增值产生负面效应。本章用公司营业收入增长率衡量公司发展能力，并设为控制变量。

营运能力（TURN）。营运能力体现了公司经营风险，对营运资本管理水平越高，公司面临的经营风险越小，银行等贷款机构及其他投资者所要求的必要报酬率较低，因此营运能力是影响资本成本和企业价值的重要因素。本章借鉴刘婉君（2018）的研究，用总资产周转率衡量公司的营运能力。

账面市值比（BM）。账面市值比是影响权益资本成本的重要因素。借鉴达里瓦尔（Dhaliwal et al.，2014）、张正勇（2017）的研究，本章将账面市值比设为控制变量。

β 系数（BETA）。β 系数反映证券的系统性风险。陆正飞和叶康涛（2004）、曾颖和陆正飞（2006）、蒋琰（2009）的研究证实 β 系数影响公司权益资本成本重要的因素之一。本章将其设为控制变量。

利息保障倍数（INTCOV）。公司生产经营所获得的息税前利润与利息费用的比率。它是衡量企业支付负债利息能力的指标。蒋琰（2009）、姚立杰等（2018）的研究将利息保障倍数视为影响债务资本成本的重要因素，因此本章将利息保障倍数设为控制变量。

公司经营活动现金流量（Cfo）。经营活动现金流量代表公司资金充裕度，资金越充裕的公司债务融资的依赖度较低，因此，经营活动现金流是影响公司债务资本成本的重要因素。借鉴姚立杰等（2018）的做法，将经营活动现金流量设为控制变量。具体变量说明如表 4-1 所示。

第4章　环境行政处罚对公司价值的影响：环境信息披露增量的中介效应

表4-1　　　　　　　　　　　变量说明

变量	研究变量	符号	衡量指标	具体说明
被解释变量	公司价值	$\Delta\% FV$	Tobin Q值的变化率	Tobin Q = (股权价值 + 负债账面价值)/总资产，股权价值为流通股本×股价 + 非流通股本×每股净资产
	权益资金成本	$\Delta\% ECC$	权益资本成本的变化率	GLS、PEG和MPEG模型估算得到
	债务资金成本	$\Delta\% DCC$	债务资本成本的变化率	债务资本成本 = 利息总支出/长短期债务总额平均值
	预期现金流量	$\Delta\% CF$	自由现金流量的变化率	自由现金流量 = 每股自由现金流量/期初每股净资产。本年经营活动的现金流量净额，扣除购建固定资产、无形资产和其他长期资产支付的现金以及分配股利和偿付利息支付的现金后的余额作为自由现金流量的衡量指标
解释变量	环境行政处罚	PENALTY	是否受到环境行政处罚	二分变量。若受到环境行政处罚，赋值1，否则0
调节变量	环境信息披露增量	$\Delta EIDL$	环境信息水平增量	相邻年度的环境信息披露水平的值之差
		$\Delta EIDQ$	环境信息质量增量	相邻年度的环境信息披露质量的值之差
控制变量	公司规模	SIZE	公司资产规模	公司总资产的自然对数
	财务杠杆	LEV	资产负债率	总负债/总资产
	账面市值比	BM	账面价值与市场价值的比值	期末总资产/(股权市值 + 净债务市值)
	盈利水平	ROA	资产收益率	净利润/期末资产总额
	成长性	GROW	营业利润增长率	(本期营业利润 - 上期)/上期
	系统性风险	BETA	β系数	β系数
	财务风险	INTCOV	利息保障倍数	年息税前利润与利息费用的比率
	运营能力	TURN	总资产周转率	总资产周转率
	经营活动现金净流量	Cfo	经营活动现金净流量与期末总资产之比	本期经营活动现金流量净额/期末总资产

参考李姝等（2013）、达利瓦尔等（Dhaliwal et al., 2011）和姚立杰等（2018）的做法，本章将权益资本成本、债务资本成本、现金流量、公司价值的变化率作为被解释变量。采用变化率的变量设计是基于两方面原因。一方面，它能够更好地反映环境行政处罚对资本成本、现金流量和公司价值的影响，且变化率的研究设计更符合本章的理论预期，即环境行政处罚和环境信息披露增量分别带来的公司次年资本成本、现金流量和公司价值的变化。另一方面，变化率的研究设计能够有效避免由于遗漏相关变量所带来的相关计量问题，主要是能够在一定程度上克服模型的内生性问题。

4.3.3 中介效应检验模型

本章应用SPSS 24的PROCESS插件进行中介效应检验。检验的过程分为两大部分，第一部分是检验环境行政处罚对权益资本成本、债务资本成本、预期现金流量和公司价值的主效应检验，以验证假设4、假设6、假设8、假设10；第二部分是环境信息披露增量对环境行政处罚与资本成本、预期现金流量、公司价值之间关系的中介效应检验，以验证假设5、假设7、假设9、假设11。本章参考赵等（Zhao et al., 2010）、温忠麟等（2014）以及陈瑞等（2014）提出的中介效应检验法，对研究模型进行了设计。中介效应检验的步骤如下：

第一步，分别检验环境行政处罚（PENALTY）与 $\Delta\% ECC$、$\Delta\% DCC$、$\Delta\% CF$、$\Delta\% FV$ 的系数 α_1。

第二步，检验系数 β_1，并依次分别检验系数 γ_2，若这两个系数都显著，则间接效应显著，转到第四步骤；若至少有一个系数不显著，那么进行第三步。

第三步，采用Booststrap法直接检验系数 $\beta_1\gamma_2$，若显著，则进行第四步，否则，间接效应不显著，则终止分析。

第四步，分别检验模型系数 γ_1，若不显著，说明不存在直接效应，只

第4章　环境行政处罚对公司价值的影响：环境信息披露增量的中介效应

有中介效应，若显著，则进行第五步。

第五步，分别比较 γ_1 与 $\beta_1\gamma_2$ 的符号，若两者异号，存在遮掩效应，报告间接效应与直接效应的比例的绝对值；若两者同号，说明是部分中介效应，报告中介效应占总效应的比例。

$$\Delta EID = \beta_0 + \beta_1 PENALTY_t + \beta_i Control + \sum INDUSTRY + \sum YEAR + \varepsilon \tag{4.1}$$

$$\Delta\% ECC_{i,t+1} = \alpha_0 + \alpha_1 PENALTY_t + \alpha_i Control + \sum INDUSTRY + \sum YEAR + \varepsilon \tag{4.2}$$

$$\Delta\% ECC_{i,t+1} = \gamma_0 + \gamma_1 PENALTY_t + \gamma_2 \Delta EID + \gamma_i Control + \sum INDUSTRY + \sum YEAR + \varepsilon \tag{4.3}$$

$$\Delta\% DCC_{i,t+1} = \alpha_0 + \alpha_1 PENALTY_t + \alpha_i Control + \sum INDUSTRY + \sum YEAR + \varepsilon \tag{4.4}$$

$$\Delta\% DCC_{i,t+1} = \gamma_0 + \gamma_1 PENALTY_t + \gamma_2 \Delta EID + \gamma_i Control + \sum INDUSTRY + \sum YEAR + \varepsilon \tag{4.5}$$

$$\Delta\% CF_{i,t+1} = \alpha_0 + \alpha_1 PENALTY_t + \alpha_i Control + \sum INDUSTRY + \sum YEAR + \varepsilon \tag{4.6}$$

$$\Delta\% CF_{i,t+1} = \gamma_0 + \gamma_1 PENALTY_t + \gamma_2 \Delta EID + \gamma_i Control + \sum INDUSTRY + \sum YEAR + \varepsilon \tag{4.7}$$

$$\Delta\% FV_{i,t+1} = \alpha_0 + \alpha_1 PENALTY_t + \alpha_i Control + \sum INDUSTRY + \sum YEAR + \varepsilon \tag{4.8}$$

$$\Delta\% FV_{i,t+1} = \gamma_0 + \gamma_1 PENALTY_t + \gamma_2 \Delta EID + \gamma_i Control + \sum INDUSTRY + \sum YEAR + \varepsilon \tag{4.9}$$

4.4 实证结果与分析

4.4.1 描述性统计

表4-2是各个变量的描述性统计。权益资本成本的变化率（$\Delta\%ECC$）的均值为 -0.035，标准差为 0.419。总体来看，样本期间上市公司权益资本成本有所下降。债务资本成本变化率（$\Delta\%DCC$）、经营现金流量变化率（$\Delta\%CF$）、公司价值变化率（$\Delta\%FV$）的均值为正数，这反映出样本期间公司债务资本成本、经营现金流量和公司价值有所上升。但是上述变量值的标准差相对较大，反映了各公司的资本成本、经营净现金流量和公司价值的变化率相差较大，究其原因正是本章要探讨的关键问题。资产负债率（LEV）均值为 0.464，利息保障倍数（$INTCOV$）均值为 4.729，这反映出样本公司负债水平相对合理，偿债能力相对较强。β 系数（$BETA$）均值为 0.957，标准差为 0.461，这反映了各公司的股票的系统性风险较大。

表4-2　　　　　　　　　　　描述性统计

变量	个数	最小值	最大值	平均值	标准差
$\Delta\%ECC$	948	-1.000	4.345	-0.035	0.419
$\Delta\%DCC$	948	-1.333	3.882	0.028	0.582
$\Delta\%CF$	948	-4.410	6.580	0.048	1.274
$\Delta\%FV$	948	-0.842	2.210	0.030	0.336
$\Delta EIDQ$	948	-0.012	0.008	-0.001	0.169
$\Delta EIDL$	948	-0.377	0.400	0.001	0.195
$SIZE$	948	0.777	8.105	4.600	1.316
LEV	948	0.031	1.345	0.464	0.204

续表

变量	个数	最小值	最大值	平均值	标准差
ROA	948	-0.360	0.400	0.040	0.065
GROW	948	-1.725	5.970	0.124	0.615
BETA	948	-0.330	2.460	0.957	0.461
TURN	948	0.120	7.390	0.731	0.553
BM	948	0.062	7.782	1.008	0.983
INTCOV	948	-33.266	33.291	4.729	7.798
Cfo	948	-10.670	11.860	-0.003	0.717

表 4-3 为各变量之间的 Pearson 相关性系数。由表可知，所有变量之间相关系数均小于 0.5，同时变量之间的 VIF 值均在 2 以下，表明主要变量之间基本不存在多重共线性问题。

4.4.2 中介效应检验

1. 环境行政处罚、环境信息披露增量与权益资本成本

按照温忠麟和叶宝娟（2014）提出的中介效应分析程序，参考 Bootstrap 法进行中介效应检验，设定样本量为 5000，置信区间的置信度为 95%。基于 PROCESS 插件（Hayes，2013）的 Bootstrap 中介检验结果如表 4-4 所示。在总效应检验模型中，解释变量 $PENALTY$（$\alpha_1 = 0.265$，$p < 0.01$）与被解释变量 $\Delta\%ECC$ 之间显著正相关，这验证了假设 4，即环境行政处罚增加了公司的次年的权益资本成本。在解释变量 $PENALTY$ 对中介变量 $\Delta EIDL$ 的回归中，$PENALTY$ 的系数（$\beta_1 = -0.247$，$p < 0.01$）显著为负，说明环境行政处罚降低了公司次年的环境信息披露水平。在自变量、中介变量共同对因变量的回归中，$\Delta EIDL$ 系数（$\gamma_2 = -0.195$，$p < 0.01$）显著为负，$PENALTY$ 系数（$\gamma_1 = 0.217$，$p < 0.01$）显著为正。因为 $\beta_1\gamma_2$（0.048，$p < 0.01$）与

表 4-3　主要变量间的 Pearson 相关系数

变量	Δ%ECC	Δ%DCC	Δ%CF	Δ%FV	ΔEIDQ	ΔEIDL	SIZE	LEV	ROA	GROW	BETA	TURN	BM	INTCOV	Cfo
Δ%ECC	1														
Δ%DCC	-0.048	1													
Δ%CF	-0.018	0.027	1												
Δ%FV	-0.126	-0.017	0.003	1											
ΔEIDQ	-0.187**	-0.053*	0.030*	0.076*	1										
ΔEIDL	-0.105**	-0.040*	0.012*	0.006**	0.261*	1									
SIZE	0.127**	-0.014	-0.059	-0.064*	-0.049	0.007	1								
LEV	0.008	-0.027	-0.017	0.009	0.004	-0.041	0.203**	1							
ROA	0.027	0.106**	-0.015	-0.017	0.008	0.052	-0.012	-0.281**	1						
GROW	0.016	-0.015	-0.014	0.006	-0.033	-0.012	0.031	0.015	0.025	1					
BETA	0.089**	-0.076*	-0.001	-0.412**	0.034	0.081*	0.036	0.058	-0.172**	0.039	1				
TURN	-0.016	-0.046	-0.02	0.013	-0.045	-0.03	0.063	-0.017	0.154**	-0.01	-0.057	1			
BM	0.058	-0.022	-0.012	0.05	-0.055	0.031	0.610**	0.209**	-0.302**	0.013	0.005	-0.029	1		
INTCOV	0.027	-0.027	0.001	-0.056	0.005	-0.02	0.026	-0.189**	0.359**	0.005	-0.075*	0.02	-0.142**	1	
Cfo	0.025	-0.045	0.002	-0.03	-0.009	0.016	0.044	0.004	0.078*	-0.005	0.026	0.064	0.022	0.001	1

注：**、* 分别表示回归结果在 1%、5% 的水平上显著。

第4章 环境行政处罚对公司价值的影响：环境信息披露增量的中介效应

系数 γ_1（0.217，$p<0.01$）同号，且在95%置信区间下，中介效应检验结果没有包含0（LLCI=0.018，ULCI=0.089），这说明环境信息披露水平增量的中介效应显著。中介效应的大小为0.048，总效应大小为0.265，直接效应大小为0.217。中介效应占总效应的比例 $\beta_1\gamma_2/\alpha_1$ 为0.181。结果验证了假设5，即环境行政处罚通过增量为负的环境信息披露的中介作用影响了权益资本成本。研究表明，环境行政处罚提高了公司次年的权益资本成本，而环境行政处罚通过环境信息披露水平增量这一路径提高了权益资本成本。

表4-4 环境行政处罚与权益资本成本：$\Delta EIDL$ 的中介效应

变量	$\Delta EIDL$	$\Delta\% ECC_{i,t+1}$	$\Delta\% ECC_{i,t+1}$
Constant	0.089 (-0.613)	-1.062*** (-3.254)	-1.044*** (-3.211)
PENALTY	-0.247*** (-10.201)	0.265*** (4.876)	0.217*** (3.797)
$\Delta EIDL$			-0.195*** (-2.65)
其他变量	控制	控制	控制
INDUS	控制	控制	控制
YEAR	控制	控制	控制
Adj-R²	0.147	0.067	0.074
F值	8.381***	3.513***	3.71***
Obs	948	948	948
总效应	p-value	LLCI	ULCI
0.265	0.000	0.158	0.371
直接效应	p-value	LLCI	ULCI
0.217	0.000	0.105	0.329
中介效应	Boot SE	BootLLCI	BootULCI
0.048	0.018	0.018	0.089

接下来是环境信息披露质量增量（$\Delta EIDQ$）在环境行政处罚影响权益资本成本（$\Delta\% ECC$）中的中介效应检验，中介检验结果如表4-5所示。在解释变量 PENALTY 对中介变量 $\Delta EIDQ$ 的回归中，PENALTY 的系数（$\beta_1 = -0.257$，$p < 0.01$）显著为负，说明环境行政处罚降低了上市公司次年的环境信息披露质量。在自变量、中介变量共同对因变量的回归中，$\Delta EIDQ$ 系数（$\gamma_2 = -0.43$，$p < 0.01$）显著为正，PENALTY 系数（$\gamma_1 = 0.153$，$p < 0.01$）显著为正。因为 $\beta_1\gamma_2(0.111)$ 与系数 $\gamma_1(0.153)$ 同号，且在95%置信区间下中介效应检验结果不包含0（LLCI = 0.06，ULCI = 0.157），这说明环境信息披露质量增量的中介效应显著。总效应为0.264，直接效应为0.153，中介效应为0.111，中介效应占总效应的比例 $\beta_1\gamma_2/\alpha_1$ 为0.419。上述结果支持假设5，即环境行政处罚通过环境信息披露质量增量的中介作用影响权益资本成本。结果表明，环境行政处罚不仅通过环境信息披露水平增量路径，也通过环境信息披露质量增量的路径增加公司次年的权益资本成本。

表4-5　环境行政处罚与权益资本成本：$\Delta EIDQ$ 的中介效应

变量	$\Delta EIDQ$	$\Delta\% ECC_{i,t+1}$	$\Delta\% ECC_{i,t+1}$
Constant	0.097 (0.806)	-1.062*** (-3.254)	-1.003*** (-3.156)
PENALTY	-0.257*** (-12.725)	0.264*** (4.876)	0.153*** (2.642)
$\Delta EIDQ$			-0.43*** (-4.947)
其他变量	控制	控制	控制
INDUS	控制	控制	控制
YEAR	控制	控制	控制
Adj-R^2	0.2	0.067	0.091
F值	12.85***	3.513***	4.888***

第 4 章 环境行政处罚对公司价值的影响：环境信息披露增量的中介效应

续表

变量	$\Delta EIDQ$	$\Delta\% ECC_{i,t+1}$	$\Delta\% ECC_{i,t+1}$
Obs	948	948	948
总效应	p – value	LLCI	ULCI
0.264	0	0.158	0.37
直接效应	p – value	LLCI	ULCI
0.153	0.008	0.039	0.267
中介效应	Boot SE	BootLLCI	BootULCI
0.111	0.029	0.06	0.175

由表 4 – 4 和表 4 – 5 可知，影响权益资本成本的三大因素的公司规模、账面市值比、贝塔系数中，贝塔系数和公司规模均通过了显著性检验。贝塔系数反映公司证券系统性风险间接体现了公司的经营风险，贝塔系数显著为正，说明基年的经营风险越大，次年的权益资本成本越高，但是没有发现账面市值比对权益资本成本的显著性影响。资产周转率、资产负债率、营业收入增长率、与权益资本成本的关系均未通过检验，这说这些因素并未促使股东要求额外的风险补偿，或无助于降低权益资本成本。

2. 环境行政处罚、环境信息披露增量与债务资本成本

接下来是环境信息披露水平增量（$\Delta EIDL$）在环境行政处罚（$PENALTY$）影响债务资本成本（$\Delta\% DCC$）中的中介效应检验，中介效应检验结果如表 4 – 6 所示，在总效应模型中，解释变量 $PENALTY$（$\alpha_1 = 0.350$，$p < 0.01$）与被解释变量 $\Delta\% DCC$ 之间显著正相关，说明环境行政处罚增加了上市公司次年的债务资本成本，研究结果验证了假设 6。在解释变量 $PENALTY$ 对中介变量 $\Delta EIDL$ 的回归中，$PENALTY$ 的系数（$\beta_1 = -0.025$，$p < 0.05$）显著为负。中介变量 $\Delta EIDL$ 对被解释变量 $\Delta\% DCC$ 回归中的系数（$\gamma_2 = -0.678$，$p > 0.1$）为负但不显著，且 $\beta_1\gamma_2$ 区间（LLCI = – 0.006，ULCI = 0.044）包含 0，说明环境信息披露水平增量的间接效应不显著，不

存在中介效应。

表4-6　　环境行政处罚与债务资本成本：$\Delta EIDL$ 的中介效应

变量	$\Delta EIDL$	$\Delta \% DCC_{i,t+1}$	$\Delta \% DCC_{i,t+1}$
Constant	-0.074 (-0.702)	0.535 (1.323)	0.485 (1.218)
PENALTY	-0.025** (-2.252)	0.35*** (4.624)	0.333*** (4.467)
$\Delta EIDL$			-0.678 (-1.446)
其他变量	控制	控制	控制
INDUS	控制	控制	控制
YEAR	控制	控制	控制
Adj-R²	0.037	0.052	0.082
F值	2.077***	3.026***	4.594***
Obs	948	948	948
总效应	p-value	LLCI	ULCI
0.35	0	0.202	0.499
直接效应	p-value	LLCI	ULCI
0.333	0	0.187	0.48
中介效应	BootSE	BootLLCI	BootULCI
0.017	0.013	-0.006	0.044

接下来是环境信息披露质量增量（$\Delta EIDQ$）在环境行政处罚影响债务资本成本（$\Delta \% DCC$）中的中介效应检验，基于 PROCESS 的中介效应检验结果如表4-7所示。在解释变量 PENALTY 对中介变量 $\Delta EIDQ$ 的回归模型中，PENALTY 的系数（$\beta_1 = -0.076$，$p < 0.01$）显著为负，且中介变量（$\Delta EIDQ$）对被解释变量（$\Delta \% DCC$）回归中的系数 γ_2（-0.538，$p < 0.01$）显著为负。在控制了中介变量 $\Delta EIDQ$ 后，模型中自变量 PENALTY（$\gamma_1 = 0.309$，

第4章 环境行政处罚对公司价值的影响：环境信息披露增量的中介效应

$p<0.01$）系数显著为正，且$\beta_1\gamma_2$与γ_1系数同号，这说明存在部分中介效应。总效应为0.35，直接效应为0.309，中介效应为0.041，中介效应占总效应的比例$\beta_1\gamma_2/\alpha_1$为0.117。上述结果验证了假设7，即环境信息披露增量是环境行政处罚与公司预期现金流的关系中的中介变量，环境行政处罚通过环境信息披露质量增量的中介作用正向影响债务资本成本。

表4-7　　环境行政处罚与债务资本成本：$\Delta EIDQ$的中介效应

变量	$\Delta EIDQ$	$\Delta\%DCC$	$\Delta\%DCC$
Constant	0.038 (0.379)	0.535 (1.323)	0.555 (1.385)
PENALTY	-0.076*** (-4.097)	0.35*** (4.624)	0.309*** (4.08)
$\Delta EIDQ$			-0.538*** (-4.062)
其他变量	控制	控制	控制
INDUS	控制	控制	控制
YEAR	控制	控制	控制
Adj-R²	0.07	0.052	0.069
F值	4.127***	3.026***	3.822***
Obs	948	948	948
总效应	p-value	LLCI	ULCI
0.35	0	0.202	0.499
直接效应	p-value	LLCI	ULCI
0.309	0	0.16	0.458
中介效应	BootSE	BootLLCI	BootULCI
0.041	0.018	0.01	0.081

资产收益率反映公司的盈利能力，总资产收益率（ROA）在1%显著性水平上通过了检验，说明总资产收益率越高的公司，其债务融资成本越

高。基期现金流量（Cfo）与债务融资成本在10%的水平上显著负相关，这说明现金流量充足的公司债务融资成本较低；利息保障倍数（$INTCOV$）与债务融资成本在5%的水平上显著负相关，说明具有充裕的现金流偿还到期债务的公司，债务成本较低。企业规模、主营业务增长率、资产负债率与债务融资成本的关系未通过检验，说明这些因素并未影响次年公司的债务融资成本。

3. 环境行政处罚、环境信息披露增量与预期现金流

接下来是环境信息披露水平增量（$\Delta EIDL$）在环境行政处罚影响预期现金流量的中介效应检验，中介效应检验结果如表4-8所示，在总效应模型中，解释变量 $PENALTY(\alpha_1 = -2.069，p<0.05)$ 与被解释变量 $\Delta\% CF$ 之间显著负相关，说明环境行政处罚降低了上市公司次年的现金流量，结果验证了假设8。在解释变量 $PENALTY$ 对中介变量 $\Delta EIDL$ 的回归模型中，$PENALTY$ 的系数（$\beta_1 = -0.062，p<0.05$）显著为负。中介变量 $\Delta EIDL$ 对被解释变量回归中的系数（$\gamma_2 = 3.013，p<0.01$）显著为正，$PENALTY$ 的系数（$\gamma_1 = -1.883，p<0.05$）显著为负。因为 $\beta_1\gamma_2$ 与 γ_1 系数同号，因此属于部分中介效应。总效应为-2.069，直接效应为-1.883，中介效应为-0.186，中介效应占总效应比例 $\beta_1\gamma_2/\alpha_1$ 为0.090。上述结果验证了假设9，即环境信息披露增量是环境行政处罚与预期现金流的关系中的中介变量，处罚通过环境信息披露水平增量（$\Delta EIDL$）的中介作用负向影响公司的预期现金流。

表4-8　　环境行政处罚与预期现金流：$\Delta EIDL$ 的中介效应

变量	$\Delta EIDL$	$\Delta\% CF_{i,t+1}$	$\Delta\% CF_{i,t+1}$
Constant	0.084 (0.58)	16.143*** (3.592)	15.889*** (3.549)
PENALTY	-0.062** (-2.22)	-2.069** (-2.403)	-1.883*** (-2.191)

第4章 环境行政处罚对公司价值的影响：环境信息披露增量的中介效应

续表

变量	$\Delta EIDL$	$\Delta \% CF_{i,t+1}$	$\Delta \% CF_{i,t+1}$
$\Delta EIDL$			3.013*** (2.984)
其他变量	控制	控制	控制
INDUS	控制	控制	控制
YEAR	控制	控制	控制
Adj – R²	0.029	0.215	0.222
F 值	1.73**	15.907***	15.622***
Obs	948	948	948
总效应	p – value	LLCI	ULCI
– 2.069	0.016	– 3.759	– 0.38
直接效应	p – value	LLCI	ULCI
– 1.883	0.029	– 3.57	– 0.196
中介效应	Boot SE	BootLLCI	BootULCI
– 0.186	0.172	– 0.692	– 0.012

接下来是环境信息披露质量增量（$\Delta EIDQ$）在环境行政处罚影响预期现金流 $\Delta \% CF$ 中的中介效应检验，中介效应检验结果如表4 – 9 所示。在解释变量 PENALTY 对中介变量 $\Delta EIDQ$ 的回归模型中，PENALTY 的系数（β_1 = – 0.221，$p < 0.01$）显著为负，且中介变量 $\Delta EIDQ$ 对被解释变量 $\Delta \% CF$ 回归中的系数 γ_2（4.024，$p < 0.01$）显著为正。自变量 PENALTY 对变量 $\Delta \% CF$ 回归的系数 γ_1（– 1.1794，$p < 0.05$）显著为负。$\beta_1 \gamma_2$ 与 γ_1 系数同号。置信区间（LLCI = – 1.768，ULCI = – 0.306）不包含 0，这说明存在中介效应。总效应为 – 2.069，直接效应为 – 1.179，中介效应为 – 0.89，中介效应占总效应比例 $\beta_1 \gamma_2 / \alpha_1$ 为 0.43。上述结果验证了假设 9，即环境信息披露增量是环境行政处罚与公司预期现金流的关系中的中介变量，环境行政处罚通过环境信息披露质量（$\Delta EIDQ$）的中介作用负向影响公司预

期现金流。

表 4-9　环境行政处罚与预期现金流：$\Delta EIDQ$ 的中介效应检验

变量	$\Delta EIDQ$	$\Delta\% CF_{i,t+1}$	$\Delta\% CF_{i,t+1}$
Constant	-0.042 (-0.365)	16.143*** (3.592)	16.31*** (3.646)
$\Delta EIDQ$			4.024*** (3.129)
PENALTY	-0.221*** (-10.13)	-2.069** (-2.403)	-1.179** (-1.706)
其他变量	控制	控制	控制
INDUS	控制	控制	控制
YEAR	控制	控制	控制
Adj-R²	0.124	0.215	0.223
F 值	8.21***	15.907***	15.688***
Obs	948	948	948
总效应	p-value	LLCI	ULCI
-2.069	0.016	-3.759	-0.38
直接效应	p-value	LLCI	ULCI
-1.179	0.192	-2.951	0.593
中介效应	Boot SE	BootLLCI	BootULCI
-0.89	0.365	-1.768	-0.306

由表 4-8 和表 4-9 可知，变量 LEV、变量 ROA 在 1% 的显著性水平上显著为正。从债权人角度看，虽然资产负债率越高，财务风险越大，但是从经营者角度看，借入资金金额越大越有助于扩大生产规模，开拓市场以获取较高的现金流量。总资产收益率（ROA）反映公司的盈利能力，盈利能力越高，预期现金流越大。主营业务增长率、利息保障倍数与预期现金流之间未通过检验，说明这些因素并未影响公司的预期现金流。

第 4 章　环境行政处罚对公司价值的影响：环境信息披露增量的中介效应

4. 环境行政处罚、环境信息披露增量与公司价值

接下来是环境信息披露水平增量（$\Delta EIDL$）在环境行政处罚影响公司价值中的中介效应检验，中介效应检验结果如表 4-10 所示，在总效应模型中，解释变量 $PENALTY$（$\alpha_1 = -0.09, p < 0.05$）与被解释变量 $\Delta\%FV$ 之间显著负相关，说明环境行政处罚降低了公司价值，结果验证了假设 10。在解释变量 $PENALTY$ 对中介变量 $\Delta EIDL$ 的回归中，$PENALTY$ 的系数（$\beta_1 = -0.062, p < 0.01$）显著为负。中介变量 $\Delta EIDL$ 对被解释变量 $\Delta\%FV$ 回归中的系数（$\gamma_2 = 0.26, p < 0.01$）显著为负，$PENALTY$ 的系数（$\gamma_1 = -0.074, p < 0.05$）显著为负。因为 $\beta_1\gamma_2$ 与 γ_1 系数同号，因此属于部分中介效应。总效应为 -0.09，直接效应为 -0.074，中介效应为 -0.016，中介效应占总效用的比例为 0.179。上述实证结果验证了假设 11，即环境行政处罚通过环境信息披露水平增量（$\Delta EIDL$）的中介作用负向影响公司价值。

表 4-10　环境行政处罚与公司价值：$\Delta EIDL$ 的中介效应检验

变量	$\Delta EIDL$	$\Delta\%FV_{i,t+1}$	$\Delta\%FV_{i,t+1}$
$Constant$	-0.22 * (-1.758)	0.572 *** (2.829)	0.63 *** (3.146)
$\Delta EIDL$			0.26 *** (4.973)
$PENALTY$	-0.062 *** (-2.643)	-0.09 ** (-2.369)	-0.074 ** (-1.96)
其他变量	控制	控制	控制
$INDUS$	控制	控制	控制
$YEAR$	控制	控制	控制
Adj-R²	0.036	0.293	0.312
F 值	2.035 ***	22.698 ***	23.358 ***

续表

变量	$\Delta EIDL$	$\Delta\%FV_{i,t+1}$	$\Delta\%FV_{i,t+1}$
Obs	948	948	948
总效应	p – value	LLCI	ULCI
-0.09	0.018	-0.164	-0.015
直接效应	p – value	LLCI	ULCI
-0.074	0.05	-0.147	0.00
中介效应	Boot SE	BootLLCI	BootULCI
-0.016	0.008	-0.036	-0.005

接下来是环境信息披露质量（$\Delta EIDQ$）在环境行政处罚影响次年公司价值的中介效应检验，中介效应检验结果如表4-11所示。在解释变量 PENALTY 对中介变量 $\Delta EIDQ$ 的回归模型中，PENALTY 的系数（$\beta_1 = -0.041$，$p<0.05$）显著为负。中介变量 $\Delta EIDQ$ 对被解释变量回归中的系数（$\gamma_2 = 0.334$，$p<0.01$）显著为正，自变量 PENALTY 对变量 $\Delta\%FV$ 回归的系数（$\gamma_1 = -0.076$，$p<0.05$）显著为负。因为 $\beta_1\gamma_2$ 与 α_1 系数同号，存在部分中介效应。总效应为 -0.09，直接效应为 -0.076，中介效应为 -0.014，中介效应占总效应的比例为 0.156。上述结果支持假设11，即环境信息披露质量增量是环境行政处罚与公司价值间中介变量，环境行政处罚通过环境信息披露质量（$\Delta EIDQ$）的中介作用负向影响公司价值。

表4-11　环境行政处罚与公司价值：$\Delta EIDQ$ 的中介效应检验

变量	$\Delta EIDQ$	$\Delta\%FV_{i,t+1}$	$\Delta\%FV_{i,t+1}$
Constant	-0.141 (-1.367)	0.572*** (2.829)	0.619*** (3.101)
$\Delta EIDQ$			0.334*** (5.249)

续表

变量	$\Delta EIDQ$	$\Delta\% FV_{i,t+1}$	$\Delta\% FV_{i,t+1}$
PENALTY	-0.041**	-0.09**	-0.076**
其他变量	控制	控制	控制
INDUS	控制	控制	控制
YEAR	控制	控制	控制
Adj-R^2	0.043	0.293	0.314
F值	2.48***	22.698***	23.58***
Obs	948	948	948
总效应	p-value	LLCI	ULCI
-0.09	0.018	-0.164	-0.015
直接效应	p-value	LLCI	ULCI
-0.076	0.042	-0.149	-0.003
中介效应	Boot SE	BootLLCI	BootULCI
-0.014	0.011	-0.037	-0.007

在表4-10和表4-11中，变量ROA、BETA系数均为负，且通过了5%显著性检验。BETA系数为负数，说明当年证券的系统性风险越大，次年公司价值就越低。ROA系数为负，说明资产收益率越高，次年公司价值越低。变量LEV、BM、GROWTH、INTCOV与公司价值之间的关系并未通过显著性检验，说明这些因素没有对次年公司价值产生显著影响。

4.4.3 内生性检验

工具变量法（两阶段最小二乘法）：考虑到公司价值和公司现金流量

的降低，以及资本成本的提高可能对公司的环境管理活动产生负面影响，也可能会使公司在环保上资金投入不足，进而导致企业环境违规违法。为了解决因反向因果问题可能对研究结果的影响，本章使用两阶段最小二乘法（2SLS）解决内生性问题。参考桂爱琴的研究，本章选取中同行业当年违规数的均值（Thy-num）作为工具变量，该数据来自国泰安数据库。公司所在行业的违法、违规的概率越大，公司越有可能因环境违规而受到环境行政处罚。因此，所在行业对法律、法规的遵守情况则会直接对公司是否受环境处罚产生正向影响。与此同时，所在行业公司的违规数量的均值能反映出当年同类公司遵守法律、法规的情况，基于目前的文献，预测当年同类公司遵守法律法规的情况基本不会直接影响到公司的预期现金流、资本成本和公司价值。

  本章采用两阶段最小二乘法（2SLS）对模型的内生性问题进行处理，分别检验了环境行政处罚对权益资本成本（$\Delta\% ECC$）、债务资本成本（$\Delta\% DCC$）、预期现金流量（$\Delta\% Cfo$）和公司价值（$\Delta\% FV$）的影响。在表4-12~表4-15中，第一阶段回归结果中的 $Thy\text{-}num$ 系数均显著为正，说明变量 $Thy\text{-}num$ 与变量 $PENALTY$ 显著正相关，与预期相同。在进行弱工具变量检验时，表4-12、表4-13、表4-14和表4-15中的F统计值分别是13.962、16.078、15.754和16.780，所有的F统计值均大于10，且在1%的显著性水平显著，拒绝了弱工具变量的原假设，有理由认为不存在弱工具变量。如表4-12~表4-15所示，第二阶段的回归结果中的 $PENALTY$ 变量的回归系数分别是0.503、0.714、-2.99和-0.021，且均在5%的显著性水平显著。在控制了内生性后，回归系数与原回归系数正负性一致，从结果来看，环境行政处罚仍然会正向影响权益资本成本和债务资本成本；环境行政处罚仍然会负向影响预期现金流量和公司价值。研究结果说明，环境行政处罚会显著提高公司的权益资本成本和债务资本成本，但会降低公司未来的现金流量和损害公司的价值。研究结果完全支持假设4、假设6、假设8和假设10。

第4章 环境行政处罚对公司价值的影响：环境信息披露增量的中介效应

表4-12　环境行政处罚对权益资本成本的影响：2SLS法的检验结果

变量	（1）First-stage	（2）Second-stage
	PENALTY	$\Delta\% ECC_{i,t+1}$
PENALTY		0.503***
		(3.43)
Thy-num	0.418***	
	(3.74)	
Cons	-0.148	-1.059***
	(-0.85)	(-2.88)
其他变量	控制	控制
INDUS	控制	控制
YEAR	控制	控制
Obs	948	948
$Adj-R^2$	0.036	0.053
F值	4.37***	43.69***
弱工具变量检验		
Robust F-statistic（instruments）	13.962***	
P-value（F-statistic）	0.00	

注：（1）列中括号里的值为t值，（2）列中括号里的值为z值。

表4-13　环境行政处罚对债务资本成本的影响：2SLS法的检验结果

变量	（1）First-stage	（2）Second-stage
	PENALTY	$\Delta\% DCC_{i,t+1}$
PENALTY		0.714**
		(2.08)
Thy-num	0.420***	
	(4.01)	
Cons	-0.221	0.506
	(-1.43)	(1.23)

续表

变量	(1) First-stage PENALTY	(2) Second-stage $\Delta\% DCC_{i,t+1}$
其他变量	控制	控制
INDUS	控制	控制
YEAR	控制	控制
Obs	948	948
Adj–R²	0.0365	0.0281
F 值	3.49***	14.53***
弱工具变量检验		
Robust F–statistic（instruments）	16.078***	
P–value（F–statistic）	0.00	

注：(1) 列中括号里的值为 t 值，(2) 列中括号里的值为 z 值。

表 4–14　环境行政处罚对公司预期现金流影响：2SLS 法的检验结果

变量	(1) First-stage PENALTY	(2) Second-stage $\Delta\% CFO_{i,t+1}$
PENALTY		–2.99*** (–3.57)
Thy-num	0.416*** (3.97)	
Cons	–0.212** (–2.40)	1.799*** (2.90)
其他变量	控制	控制
INDUS	控制	控制
YEAR	控制	控制
Obs	948	948
Adj–R²	0.044	0.207
F 值	2.81***	53.86***

第4章 环境行政处罚对公司价值的影响：环境信息披露增量的中介效应

续表

变量	（1）First-stage *PENALTY*	（2）Second-stage $\Delta\% CFO_{i,t+1}$
弱工具变量检验		
Robust F – statistic （instruments）	15.754***	
P – value （F – statistic）	0.00	

注：（1）列中括号里的值为 t 值，（2）列中括号里的值为 z 值。

表 4 – 15　　环境行政处罚对公司价值的影响：2SLS 法的检验结果

变量	（1）First-stage *PENALTY*	（2）Second-stage $\Delta\% FV_{i,t+1}$
PENALTY		-0.021*** （-5.32）
Thy-num	0.430*** （4.10）	
Cons	-0.271* （-1.77）	0.828*** （3.55）
其他变量	控制	控制
INDUS	控制	控制
YEAR	控制	控制
Obs	948	948
Adj – R²	0.046	0.253
F 值	2.53***	225.54***
弱工具变量检验		
Robust F – statistic （instruments）	16.780***	
P – value （F – statistic）	0.00	

注：（1）列中括号里的值为 t 值，（2）列中括号里的值为 z 值。

4.4.4 稳健性检验

为了保证研究结果的可靠性,进行了以下的稳健性检验。

第一,考虑到估计权益资本成本的方法较多,为了研究结果的可靠性,采取了 MPEG 方法再次计算权益资本成本。PEG 模型假定非正常收益的增长率的期望变化率为零,MPEG 模型放宽了非正常收益的增长率的期望变化率为零的假设。使用 MPEG 法计算的权益资本成本后的中介效应检验结果如表 4-16 和表 4-17 所示。在总效应模型中,环境行政处罚变量(PENALTY)显著为正,这与之前的检验结果一致。变量 PENALTY 与 $\Delta EIDL$ 显著负相关,且模型中 PENALTY 系数显著为正,$\Delta EIDL$ 系数显著为负,这也与之前的检验结果一致,表明本研究结论具有稳健性。

表 4-16 环境行政处罚与权益资本成本:$\Delta EIDL$ 中介效应的稳健性检验

变量	$\Delta EIDL$	$\Delta\% ECC_{i,t+1}$	$\Delta\% ECC_{i,t+1}$
Constant	0.008 (0.506)	-1.028 *** (-3.206)	-1.029 *** (-3.2)
$\Delta EIDL$		-0.196 *** (-2.689)	
PENALTY	-0.2428 *** (-9.998)	0.216 *** (3.793)	0.263 *** (4.857)
其他变量	控制	控制	控制
YEAR	控制	控制	控制
INDUS	控制	控制	控制
Adj – R²	0.1357	0.0753	0.0681
F 值	8.1053 ***	3.9797 ***	3.7739 ***
Obs	948	948	948
总效应	p	LLCI	ULCI

第4章 环境行政处罚对公司价值的影响：环境信息披露增量的中介效应

续表

变量	$\Delta EIDL$	$\Delta\%ECC_{i,t+1}$	$\Delta\%ECC_{i,t+1}$
0.2632	0.001	0.1568	0.3695
直接效应	p	LLCI	ULCI
0.2156	0.0002	0.104	0.3271
中介效应	Boot SE	BootLLCI	BootULCI
0.0476	0.0187	0.0187	0.092

表4-17 环境行政处罚与权益资本成本：$\Delta EIDQ$ 中介效应的稳健性检验

变量	$\Delta EIDQ$	$\Delta\%ECC_{i,t+1}$	$\Delta\%ECC_{i,t+1}$
Constant	0.096 (0.804)	-1.029*** (-3.254)	-0.988*** (-3.109)
PENALTY	-0.257*** (-12.742)	0.263*** (4.876)	0.152*** (2.627)
$\Delta EIDQ$			-0.431*** (-4.96)
其他变量	控制	控制	控制
INDUS	控制	控制	控制
YEAR	控制	控制	控制
$Adj-R^2$	0.199	0.068	0.092
F 值	12.848***	3.774***	4.958***
Obs	948	948	948
总效应	p-value	LLCI	ULCI
0.263	0	0.157	0.369
直接效应	p-value	LLCI	ULCI
0.152	0.01	0.038	0.266
中介效应	Boot SE	BootLLCI	BootULCI
0.111	0.029	0.591	0.176

第二，采用经营净现金流量作为预期现金流的替代变量，检验了环境行政处罚在影响公司价值过程中环境信息披露增量的中介作用。中介效应检验结果如表4－18所示。

表4－18　　环境行政处罚与预期现金流量：$\Delta EIDL$中介效应的稳健性检验

变量	$\Delta EIDL$	$\Delta \% CF_{i,t+1}$	$\Delta \% CF_{i,t+1}$
Constant	0.158 (1.069)	14.940*** (3.265)	14.442*** (3.169)
PENALTY	-0.065** (-2.353)	-2.013** (-2.337)	-1.807** (-2.101)
$\Delta EIDL$			3.158*** (3.118)
其他变量	控制	控制	控制
INDUS	控制	控制	控制
YEAR	控制	控制	控制
Adj－R²	0.036	0.224	0.216
F值	2.067**	14.933***	15.098***
Obs	948	948	948
总效应	p-value	LLCI	ULCI
-2.013	0.0197	-3.704	-0.323
直接效应	p-value	LLCI	ULCI
-1.807	0.036	-3.495	-0.119
中介效应	Boot SE	BootLLCI	BootULCI
-0.206	0.179	-0.720	-0.065

在表4－18中，总效应模型中解释变量（PENALTY）显著为负，说明环境行政处罚降低了公司的预期现金流量。在环境行政处罚变量（PENALTY）以及变量$\Delta EIDL$对环境信息披露水平增量的回归模型中，变量PENALTY依旧显著为负，$\Delta EIDL$系数显著依旧为正，说明存在中介效应。研究结果

第 4 章　环境行政处罚对公司价值的影响：环境信息披露增量的中介效应

与之前的研究结果一致，即环境行政处罚通过环境信息披露水平增量（$\Delta EIDL$）的中介作用负向影响公司预期现金流量。

在表 4-19 中，$\Delta EIDQ$ 变量对被解释变量回归中的系数不显著，但中介效应检验的区间（LLCI = -1.735，ULCI = -0.294）不包含 0，这说明了直接效应不显著，只有中介效应，与之前的研究结果相符。上述检验结果说明研究结果具有稳健性，即环境行政处罚通过环境信息披露质量增量（$\Delta EIDQ$）的中介作用负向影响公司预期现金流量。

表 4-19　环境行政处罚与预期现金流量：$\Delta EIDQ$ 中介效应的稳健性检验

变量	$\Delta EIDQ$	$\Delta\% CF_{i,t+1}$	$\Delta\% CF_{i,t+1}$
Constant	-0.067 (-0.579)	14.940 *** (3.265)	15.21 *** (3.34)
PENALTY	-0.22 ** (-10.064)	-2.013 ** (-2.337)	-1.142 (-1.264)
$\Delta EIDQ$			3.963 *** (3.08)
其他变量	控制	控制	控制
INDUS	控制	控制	控制
YEAR	控制	控制	控制
Adj - R²	0.125	0.216	0.224
F 值	7.80 **	15.10 ***	14.92 ***
Obs	948	948	948
总效应	p - value	LLCI	ULCI
-2.013	0.0197	-3.704	-0.323
直接效应	p - value	LLCI	ULCI
-1.142	0.207	-2.914	-0.6308
中介效应	Boot SE	BootLLCI	BootULCI
-0.872	0.3618	-1.7354	-0.2943

4.5 本章小结

在本章的研究中，我们基于相关理论和文献，提出了研究假设，并构建了 Booststrap 法的中介效应检验模型，旨在深入探讨环境信息披露增量在环境行政处罚影响公司价值过程中的中介作用。通过细致的分析和实证检验，我们得出了以下主要研究结论，这些结论不仅揭示了环境行政处罚、环境信息披露与公司价值之间的复杂关系，还为我们理解环境信息披露在经济活动中的重要作用提供了新的视角。

研究发现，环境行政处罚显著增加了公司的权益资本成本，而这一效应部分地通过环境信息披露增量的中介作用得以实现。环境行政处罚作为对企业环境违规行为的直接制裁，不仅直接影响了企业的声誉和形象，还间接地通过影响企业的环境信息披露行为，加剧了企业与权益投资者之间的信息不对称。具体来说，环境行政处罚可能导致企业为了掩盖负面信息或避免进一步的法律风险，而减少或扭曲环境信息的披露，从而降低了信息披露的质量和透明度。这种信息不对称的加剧，使得投资者在评估企业未来收益和风险时面临更大的不确定性，进而要求更高的投资回报率以补偿这种风险，最终导致公司权益资本成本的上升。

在债务资本成本方面，研究揭示了环境行政处罚通过环境信息披露质量增量的中介效应，提高了公司的债务资本成本。与权益资本成本类似，环境行政处罚导致的环境信息披露质量下降，减少了银行、债券投资者等债务投资者在决策过程中所能依赖的信息量。信息的匮乏使得债务投资者难以准确评估企业的信用风险和偿债能力，从而要求更高的风险补偿，以覆盖潜在的投资损失。值得注意的是，尽管环境信息披露水平增量（即披露数量的增加）在直接路径上对债务资本成本的影响不显著，但环境信息披露质量的下降却通过增加投资风险，间接地推高了债务资本成本，这进

第4章 环境行政处罚对公司价值的影响：环境信息披露增量的中介效应

一步强调了信息披露质量在债务融资中的重要性。

研究还发现，环境行政处罚通过环境信息披露增量的中介效应，降低了公司的预期现金流。特别是在环境行政处罚的背景下，企业可能会选择性地披露环境信息，甚至隐瞒某些关键或负面的处罚信息，以试图减轻市场对其的负面反应。然而，这种增量为负的环境信息披露策略，不仅未能有效缓解市场的不信任，反而进一步降低了投资者和消费者对公司的信心。投资者在评估公司未来现金流时，会因信息的不完整和可能的隐瞒而更加谨慎，导致对公司未来现金流量的估值下降。同时，消费者也可能因对公司环境表现的担忧，而不愿意为公司的产品支付更高的价格溢价，从而导致产品需求减少，最终影响了公司的经营现金流量。

综合上述分析，本章发现环境信息披露增量在环境行政处罚影响公司价值的过程中，扮演了关键的中介角色。具体而言，环境行政处罚通过降低公司的环境信息披露水平和质量，引发了"折现率效应"和"现金流量效应"。一方面，环境信息披露的减少导致投资者对公司未来收益的评估更加悲观，提高了折现率，从而降低了公司价值的现值；另一方面，环境信息披露的不充分和负面信息的隐瞒，直接减少了公司的预期现金流量，进一步损害了公司价值。因此，环境行政处罚通过环境信息披露增量的中介效应，对公司价值产生了显著的负面影响。

第 5 章 环境受罚公告中信息披露对公司股价的影响研究

5.1 引 言

在负面环境事件对公司股票市场影响的这类文献中,相关研究存在以下不足:其一,研究混淆了公告中信息披露的股市影响和事件的股市影响,未能从中辨别公告中信息披露的真正影响。其二,绝大部分研究中,负面环境事件类信息披露的主体是政府以及媒体,而非公司自我披露。新闻媒体揭露、政府公开企业环境违法信息和自我披露对公司股市的影响不同。

环境受罚公告中信息披露是投资者、利益相关者了解公司受罚相关情况的渠道。在环境受罚公告中信息披露是公司积极应对合法性危机的体现,有助于解决环境违法问题。然而,环境事故、法律诉讼等不当行为的公告被视为监管机构将环境负外部性内化的行政手段,是政府管制的补充,具有"威慑效应"。那么,上市公司受到环境行政处罚后,在环境受罚公告中信息披露对公司股价有何影响?是否会损害公司市值呢?目前文献中缺乏对此问题的研究。

在我国,绝大部分的环境行政处罚案件是由市级环保部门或政府施行的。此外,依据《上市公司环境信息披露指南》中的规定,受到省级以上环保部门处罚的上市公司必须发布环境受罚公告。因此,受到省级以上环保部门处罚的上市公司发布受罚公告本身具有一定程度的强制性。本章研究旨在揭示上市公司主动地自披露环境受罚信息对公司股价的影响，若以受省级以上环保部门处罚的上市公司为研究样本，则无法得知公司在环境受罚公告中主动地信息披露所起到的作用。因此，本章将研究重点聚焦于受市级环保部门处罚的上市公司，研究其股票市场对环境行政处罚事件的反应，以及探讨环境受罚公告中信息披露对公司股价的影响。本章的研究有助于上市公司、投资者了解环保受罚公告的经济影响，对监管机构完善相关环境治理法规也具有一定的政策意义。

5.2 理论分析与提出假设

公司环境违法说明公司无法达到法律对于其污染控制的最低要求。在这种情况下，投资者就会预期未来公司必须加大对环保投资以满足法律规定的最低环保要求，因此，环境违规会改变投资者对于公司未来现金流的盈利分布情况预期，降低公司的财务绩效。此外，公司环境违法违规受罚增加了公司信用风险和信息风险，增加公司外部融资难度。不仅如此，与环境违法相关的负面环境事件会干扰公司的正常生产和运营，增大公司风险水平，影响公司的现金流；也会对公司股票市场造成负面反应，对股权的市场价值或股东财富造成损失。

卡普夫和洛特等（Karpoff and Lott et al., 2005）认为，企业环境违法是通由监管处罚损害了股权的市场价值[1]。甘顺利（2013）[2] 和约翰逊等（2014）[3] 则认为，公司违规受处罚是通过声誉损失的方式损害了股东

---

[1] Karpoff J. M., Lott J. R., Wehrly E. W. The reputational penalties for environmental violations: empirical evidence [J]. *The Journal of Law and Economics*, 2005, 48 (2): 653-675.

[2] 甘顺利. 金融市场监管：经济处罚与声誉损失 [J]. 投资研究, 2013, 32 (4): 81-88.

[3] Johnson W. C., Xie W., Yi S. Corporate fraud and the value of reputations in the product market [J]. *Journal of Corporate Finance*, 2014, 25: 16-39.

财富，并认为在股市上的声誉损失带来的经济损失远大于处罚带来的直接经济损失。因此，环境行政处罚损害股东财富的主要渠道是通过股票市场。

在一个信息不完全的市场上，交易双方对相关信息的了解是不对等的。由于信息不对称性，股市中交易双方对于公司受环境处罚情况了解的程度和时间可能存在差异。许多研究提供了违法公司在收到处罚公告或负面环境事件前，公司环境事件信息通过非公开渠道被提前泄露的证据。例如，徐等（Xu et al.，2012）[1]和陈燕红等（2017）[2]基于中国资本市场的研究发现股票累计异常收益在信息披露之前就开始下跌，并在事件日之前就跌至"谷底"。上市公司的管理层、股东等投资者可能会利用自身在信息获取上的优势提前得知尚未公开的环境行政处罚的消息，并抛售持有的公司股票。因此，提出如下研究假设：

研究假设12：上市公司在受到环境行政处罚之前股价就会下跌。

在环境处罚危机下，自披露环境受罚信息有助于受罚公司对外声明责任或免责，这有助于环保问题的解决。有学者研究发现，公司不披露环境信息往往伴随较高的环境风险，带来后续高额的融资成本以及投资者要求额外的环境风险回报等。相反，披露自身的负面信息则能增强其所披露信息的可靠性，而且可以减轻环境风险，降低股东承担的风险溢价。环境类信息自披露是公司也是对外传递股价敏感类信息的渠道。危机传播方面的研究发现，在危机中无论"顺应性"沟通策略还是"防御性"沟通策略都有助于股价的提高。基于框架理论的研究发现，及时地与外界进行信息沟通使公司能够用自己的术语来描述这场危机并淡化其严重性。危机发生后公司与外界沟通越迟，所披露信息的说服力越低。

投资者希望获得受罚公司真实、及时地处罚信息作为其投资参考，公

---

[1] Xu X. D., Zeng S. X., Tam C. M. Stock market's reaction to disclosure of environmental violations: evidence from China [J]. *Journal of Business Ethics*, 2012, 107 (2): 227-237.

[2] Deegan C, Rankin M. Do Australian companies report environmental news objectively?: An analysis of environmental disclosures by firms prosecuted successfully by the Environmental Protection Authority [J]. *Accounting, Auditing & Accountability Journal*, 1996, 9 (2): 50-67.

司披露环保处罚公告不仅是一种降低环境风险、缓解危机的手段，也是避免因受罚事件持续发酵有损股价的有利选择。因此，提出如下研究假设：

研究假设 13：发布环境受罚公告能够减弱处罚对公司股价的负面冲击，有助于股价反弹。

环境信息的市场价值的产生是因为投资者将环境信息的缺乏视为环境管理风险。在公司年度报告中，公司管理层对某些重要信息的隐瞒会导致投资者增加获取信息成本，或使得投资者决策所需的信息不足，这都会增加投资环境的不确定性。与此同时，隐瞒某些重要信息也会抑制投资热情、降低交易量，导致投资者抛售股票。然而，披露积极的信息能够影响并提升投资者的信心，并引起正面的市场反应，导致预期的超额收益和交易量的增加。

也有研究认为，披露环境信息可以帮助公司减轻负面事件的潜在危害。在环境发生事故前，公司环境信息披露得越深入，股市负面反应的程度越低；环境事故后，年度报告中的环境信息披露越充分的公司，股价下跌的幅度越小。环境处罚危机下，环境受罚公告为受罚公司提供了一个解释环境处罚事件，传递公司积极解决违法问题的机会。在环境受罚公告中对整改措施的阐述，以及对公司生产经营的影响等方面的阐述均有利于减少投资者的恐慌，也有助于缓解因信息风险而带来的可能更严重的经济风险。由此，提出研究假设：

研究假设 14：环境受罚公告中的详细信息披露（整改措施信息、处罚影响类信息）有利于提升股价。

5.3 研 究 方 法

借鉴已有学者的研究，采用事件研究法（event study method）检验股票市场对环境处罚信息的反应。事件研究法由鲍尔、布朗和法玛（Ball,

Brown and Fama）等开创，该方法基于有效市场理论，假定有关事件的影响将会立即反映在股票价格之中。因此，通过研究事件发生前后某一较短时期内样本公司股票价格或股票收益率的变化，进而检验特定事件对样本公司股市或市值的影响。在研究中，将事件窗内从股票的实际收益率中减去预期收益率可得到异常收益率。股票异常收益率衡量了股票价格对某一事件或信息披露做出异常反应的程度。

5.3.1 研究样本及数据来源

文中的环境受罚公告是指违反环保法律法规的上市公司收到地方环保部门出具的行政处罚告知书后对外披露的公告。本章选取受到地方（市级）环保部门行政处罚的沪、深 A 股上市公司，并对以下两项情况进行了剔除：一是事件日前后 10 个交易日没有交易数据的公司及其他数据异常公司；二是事件发生前后 15 个交易日内发生并购重组、业绩预告等重大事件的公司。环境行政处罚数据来源于公众环境研究中心（IPE）数据库。环境受罚公告是在《中国环境报》和公司的官方网站上获取的。经筛选，共获得环境行政处罚案件 431 件，其中发布环境受罚公告的有 72 件。财务指标数据来源于国泰安数据库（CSMAR）。数据处理及计算主要由统计软件 SPSS 21 和 Stata 15 进行。

5.3.2 事件窗与估计窗的定义

本章以上市公司收到环境处罚告知书的时间点为事件日。环境行政处罚影响公司股价的时间段称为"事件窗"。将在事件窗之前股票收益率不受处罚信息影响的时间段称为"估计窗"，在这个时间段获取的样本公司股价数据用于估计模型参数。基于研究环保处罚的短期效应的考虑，同时考虑到事件窗过长易滋生其他影响股价变动的因素，进而使得股价预测存在偏差，在借鉴了多位学者的研究后，将事件窗长度定义为41天，即事件日以及前后各20个交易日。参考戈德弗雷等（Godfrey et al.，2009）和Zhe等（2017）的研究，以事件窗前120个交易日作为估计预期收益的估计窗。

5.3.3 个股日均收益率和市场日均收益率的计算方法

样本公司个股日均收益率是用公司的每日收盘价计算，市场日均收益率用上证综合指数来计算，如下式所示：

$$R_{it} = P_{it} - P_{i,t-1}/P_{i,t-1} \tag{5.1}$$

$$R_{mt} = P_{mt} - P_{m,t-1}/P_{m,t-1} \tag{5.2}$$

P_{it}代表个股t日收盘价，R_{it}代表个股第t日平均收益率，P_{mt}代表市场第t日上证综合指数，R_{mt}代表市场第t日平均收益率。

预期收益率的计算采用市场收益模型法。利用估计期的股票i的历史收益率和对应的市场组合收益率进行回归，可以得出股票i的系数β_i和常数项α_i，然后通过回归模型计算样本公司在事件期内预计正常收益率。回归模型如下：

$$R_{i,t} = \alpha_i + \beta_i R_{mt} + \varepsilon_{it} \tag{5.3}$$

其中，α_i代表常数项，β_i代表股票i的系统性风险，R_{mt}代表市场组合在时间t的实际收益率，ε_{it}是残差项。

5.3.4 异常收益率和累计异常收益率的计算方法

事件窗内异常收益率（ARAR）、平均异常收益率（AAR）、累计异常收益率（CAR）、累计平均异常收益率（CAAR）的计算公式如下：

$$AR_{it} = R_{it} - ER_t \tag{5.4}$$

$$AAR_{it} = \frac{1}{N} \sum_{i=1}^{n} AR_{it} \tag{5.5}$$

$$CAR_{it} = \sum_{t=t_1}^{t=t_2} AR_{it} \qquad (5.6)$$

$$CAAR[t_1, t_2] = \sum_{t=t_1}^{t=t_2} AAR \qquad (5.7)$$

其中，R_{it} 为股票 i 在 t 日实际收益率，ER_{it} 为估算的预期收益率。AR_{it} 代表股票 i 在 t 日的异常收益率。AAR_{it} 为 N 只股票在 t 日的平均异常收益率。CAR_{it} 代表股票 i 在 t_1 到 t_2 间时段的累计异常收益率。$CAAR_{[t_1,t_2]}$ 代表 N 只股票在 t_1 到 t_2 时间段的累计平均异常收益率。

5.4 实证结果与分析

5.4.1 窗口期内累计平均异常收益率 t 检验

采用参数检验中的 T 检验来检验处罚事件对股市的冲击。研究将总样本分为两类，分别是未披露受罚公告的公司和披露公告的公司。表 5-1 是受罚上市公司在窗口期内的累计异常收益 T 检验。由表 5-1 可知，大部分的累计异常收益在 [-14，14] 时间段内在 0.05 水平上显著，说明在公司受罚前后 14 天的时间内其股价受到了显著的影响。

表 5-1　　　　　　窗口期累计异常收益率的 t 检验

Day	Total	Penalized	Self-Disclosed	Day	Total	Penalized	Self-Disclosed
-20	0.00051	0.00135	-0.00651	-16	0.00311	0.00327	0.00180
-19	0.00214	0.00260	-0.00168	-15	0.00265*	0.00293	0.00035
-18	0.00251	0.00294	-0.00111	-14	0.00072*	0.00065*	0.00125
-17	0.00160*	0.00160*	0.00161	-13	-0.00180*	-0.00226*	0.00199

续表

Day	Total	Penalized	Self-Disclosed	Day	Total	Penalized	Self-Disclosed
-12	-0.00167*	-0.00252	0.00542*	5	0.00030***	0.00016***	0.00144***
-11	-0.00298*	-0.00413*	0.00657*	6	0.00035***	0.00013***	0.00215*
-10	-0.00306*	-0.00384*	0.00338*	7	-0.00047***	-0.00069***	0.00131***
-9	-0.00296**	-0.00335**	0.00025*	8	0.00117***	0.00080***	0.00422***
-8	-0.00363**	-0.0043**	0.00193**	9	0.00198***	0.00184**	0.00311***
-7	-0.00418**	-0.00478**	0.00082**	10	0.00150***	0.00132***	0.00296***
-6	-0.00567***	-0.00591***	-0.00367***	11	0.00052***	-0.00005***	0.00524**
-5	-0.00557***	-0.00573***	-0.00427***	12	-0.00096***	-0.00188***	0.00669**
-4	-0.00643**	-0.00656**	-0.00536**	13	-0.00330***	-0.00453***	0.00706**
-3	-0.00688**	-0.00710**	-0.00509**	14	-0.00445***	-0.00551***	0.00447*
-2	-0.00443***	-0.00506**	0.00078**	15	-0.00509***	-0.00608***	0.00322*
-1	0.00031**	0.00014**	0.00168***	16	-0.00393**	-0.00491*	0.00430
0	0.00263***	0.00234**	0.00508**	17	-0.00336*	-0.00428*	0.00434
1	0.00220***	0.00203***	0.00355**	18	-0.00206*	-0.00287	0.00480
2	0.00404***	0.00428***	0.00198***	19	-0.00075	-0.00147	0.00407
3	0.00207***	0.00244***	-0.00110***	20	0.00055	-0.00007	0.00365
4	0.00114***	0.00116***	0.00089***				

注：***、**、*分别表示在1%、5%和10%的水平上显著。

5.4.2 累计平均异常收益率的趋势分析

对总体样本而言，股市对环境行政处罚的反应趋势如图 5-1 所示。由表 5.1 可知，累计平均异常收益率（$CAAR$）在 $T = -15$ 日至 $T = -3$ 日的 $CAAR$ 在 0.1 的水平上均显著，呈现下跌趋势。这说明处罚消息在环保部门做出行政处罚决定前就已通过非公开渠道泄露，部分投资者已提前获知公司即将受到环保部门的处罚,有关处罚信息的泄露导致了股价的下跌。结果验证了假设12,即上市公司在受到环境行政处罚之前股价就会下跌。

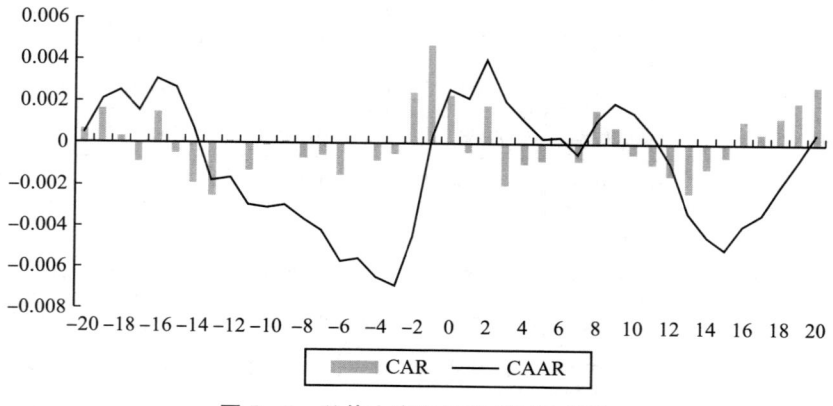

图5-1 总体上市公司的 $CAAR$ 趋势

对比图5-2和图5-3,$CAAR$ 的变化趋势差异明显。如图5-2所示,对于发布环境受罚公告的公司,$CAAR$ 在 $T=-10$ 日至 $T=-4$ 呈现下跌趋势,$T=-3$ 至 $T=0$ 这段时间 $CAAR$ 持续上升,随后持续三日的短期下跌,然后一直处于波动上升态势。如图5-3所示,对于受罚但未发布公告的公司,$CAAR$ 在 $T=-15$ 至 $T=-3$ 日呈现下降趋势。从 $T=-2$ 至 $T=0$ 日,$CAAR$ 呈现上升态势,但随后波动下跌直至 $CAAR$ 为负。

对于未发布公告的公司(见图5-3),在 $CAAR$ 小幅上涨之后,伴随着持续的动荡式下跌,$CAAR$ 在事件窗内显著为负。而对于披露公告公司(见图5-2),在 $CAAR$ 小幅下跌后,伴随着持续的动荡式上升,直至 $CAAR$ 为正。对于未披露公告的公司,$CAAR$ 最终在事件窗内变为负;而发布公告的公司在事件窗内的 $CAAR$ 最终变为正。在 $T=-12$ 日到 $T=15$ 日这段时间,$CAAR$ 在0.1的水平上显著,这说明公司股价在受环境行政处罚影响的这段时间内,发布环境受罚公告的公司的股价虽有一个短暂的回落,但在窗口期内股价不但没有降低,反而有所提高。这支持假设13,即发布环境受罚公告能够减弱处罚对公司股价造成的负面冲击,有助于股价回弹。

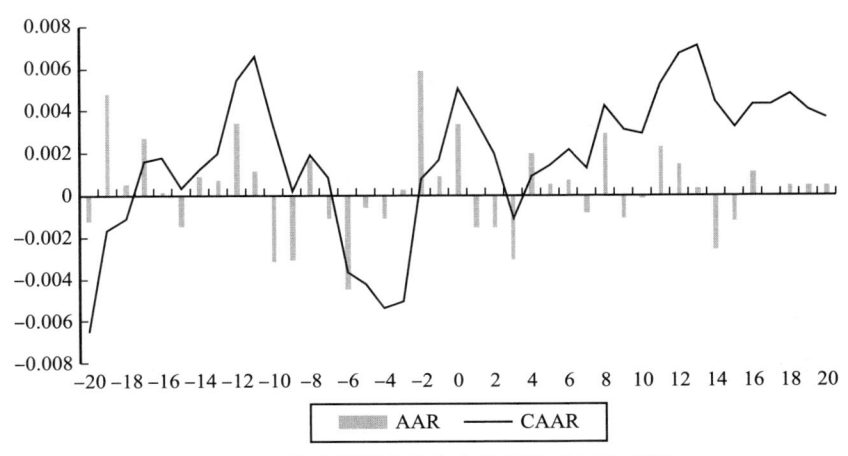

第 5 章　环境受罚公告中信息披露对公司股价的影响研究

图 5 - 2　发布受罚公告上市公司的 *CAAR* 趋势

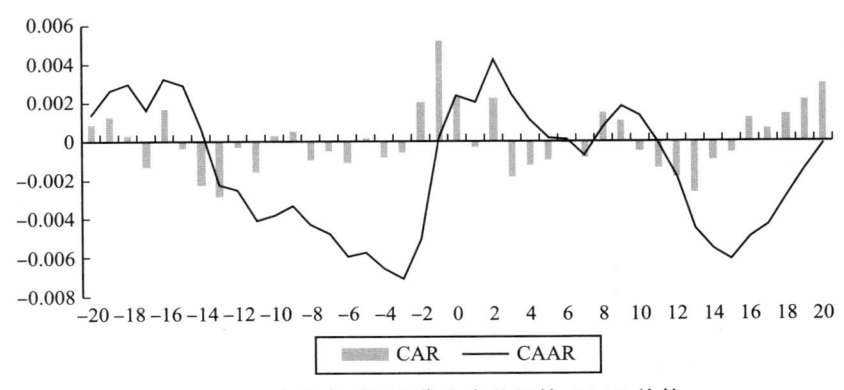

图 5 - 3　未发布受罚公告上市公司的 *CAAR* 趋势

5.5　回归分析

5.5.1　变量定义

接下来，本章进行了多元回归分析，以检验上市公司发布环境受罚公告对累计异常收益率的影响。考虑到事件期太长会出现其他影响股价的因素，使得累计异常收益率计算误差增大，变量间因果关系难以建立。为了更好建立因果关系，参考 Xu 等（2012）和薛光等（2017）的研究，选取了四个窗口期的累计异常收益率作为被解释变量，分别是 $CAR_{[-15,15]}$，$CAR_{[-10,10]}$，$CAR_{[-5,5]}$ 和 $CAR_{[-3,3]}$。按照是否发布环境受罚公告，设置解释变量 SD；按照公告中整改措施类信息披露的详细程度，设置解释变量 RMS、RMD；按照公告中处罚影响类信息披露的详细程度，设置解释变量 IPS、IPD。参考 Xu 等（2012）和 Yekini 等（2016）等的研究，考虑了公司的规模、股权结构、财务状况等对股价波动的影响。将公司规模、净资产收益率、资产负债率、流通股比例、国有股比例作为控制变量。回归模型中变量的说明如表 5-2 所示。

表 5-2 变量说明

变量	名称	符号	说明
被解释变量	累计异常收益率	CAR	$CAR_{[-15,15]}$，$CAR_{[-10,10]}$，$CAR_{[-5,5]}$ 和 $CAR_{[-3,3]}$
解释变量	发布环境受罚公告	SD	披露为1，否则为0
	披露整改措施	RMS、RMD	分三类：没提及；简单提及（RMS）；提出具体的整改方案（RMD）。共设置两个虚拟变量
	披露处罚对公司生产运营的影响	IPS、IPD	分三类：没提及；简单提及（IPS）；详细说明对公司影响（IPD）。共设置两个虚拟变量
控制变量	净资产收益率	ROE	净利润/股东权益余额
	资产负债率	DEBET	负债/总资产
	公司规模	SIZE	年末总资产的自然对数
	流通股比例	TRADE	流通股数/总股本数
	国有股比例	STATE	国有股数/总股本数
	年份	YEAR	年度变量，设置为虚拟变量

5.5.2 发布环境受罚公告与 CAR 之间的回归分析

在回归模型（1）中，根据是否发布环境受罚公告设置解释变量；在回归模型（2）和回归模型（3）中，根据环境受罚公告中内容披露的详细程度设置解释变量。回归模型（1）的构建是为了检验发布环境受罚公告对累计异常收益率的影响。回归模型（2）和回归模型（3）的构建是为了检验环境受罚公告中信息披露对累计异常收益率的影响。

$$CAR = \beta_0 + \beta_1 SD + \beta_2 ROE + \beta_3 DEBET + \beta_4 TRADE + \beta_5 STATE \\ + \beta_6 SIZE + \beta_7 YEAR + \varepsilon \tag{5.8}$$

$$CAR = \beta_0 + \beta_1 RMS + \beta_2 RMD + \beta_3 ROE + \beta_4 DEBET + \beta_5 TRADE \\ + \beta_6 STATE + \beta_7 SIZE + \beta_8 YEAR + \varepsilon \tag{5.9}$$

$$CAR = \beta_0 + \beta_1 IPS + \beta_2 IPD + \beta_3 ROE + \beta_4 DEBET + \beta_5 TRADE \\ + \beta_6 STATE + \beta_7 SIZE + \beta_8 YEAR + \varepsilon \tag{5.10}$$

如表 5 – 3 中模型（1）的回归结果所示，公司的累计异常收益率（$CAR_{[-15,15]}$，$CAR_{[-10,10]}$，$CAR_{[-5,5]}$ 和 $CAR_{[-3,3]}$）均与发布环境受罚公告变量（SD）在 0.05 的显著性水平上显著正相关。上述实证结果说明，发布环境受罚公告的公司有相对较高的累计异常收益。这也验证了假设 13，即发布环境受罚公告能够减弱环境行政处罚对股价的负面冲击，有助于股价反弹。

表 5 – 3 模型（1）回归结果

变量	$CAR_{[-15,15]}$	$CAR_{[-10,10]}$	$CAR_{[-5,5]}$	$CAR_{[-3,3]}$
Constant	0.177 (1.15)	0.238* (1.67)	0.135 (1.352)	0.149** (1.90)
SD	0.051** (2.03)	0.034*** (3.98)	0.047*** (2.847)	0.022** (2.24)

续表

变量	$CAR_{[-15,15]}$	$CAR_{[-10,10]}$	$CAR_{[-5,5]}$	$CAR_{[-3,3]}$
ROE	-0.006 ** (-2.032)	-0.009 *** (-2.96)	-0.006 *** (-3.16)	-0.004 *** (-2.72)
DEBET	-0.009 (-0.17)	0.003 (0.05)	0.005 (0.13)	0.02 (0.71)
TRADE	0.047 (0.862)	0.064 * (1.372)	-0.005 (-1.22)	-0.014 (-0.51)
STATE	-0.157 ** (-1.87)	-0.058 (-0.67)	-0.076 ** (-1.91)	-0.055 (-1.15)
SIZE	-0.007 * (-1.26)	-0.01 * (-1.536)	-0.004 (-0.92)	-0.005 (-1.34)
YEAR	Control	Control	Control	Control
Obs	431	431	431	431
Adj-R²	0.159	0.138	0.175	0.163
F-value	2.916 ***	2.866 ***	3.781 ***	3.136 ***

5.5.3 环境受罚公告中信息披露与 CAR 之间的回归分析

接下来，检验环境受罚公告中信息披露与累计异常收益率（CAR）之间的关系。回归（2）和回归（3）中的样本是那些发布环境受罚公告的公司。如表 5-4 中模型（2）的回归结果所示，变量 $CAR_{[-15,15]}$、变量 $CAR_{[-10,10]}$、变量 $CAR_{[-5,5]}$ 和变量 $CAR_{[-3,3]}$ 均分别与变量 RMS（0.173，$p<0.01$；0.160，$p<0.01$；0.151，$p<0.01$；0.113，$p<0.01$）和 RMD（0.227，$P<0.01$；0.226，$p<0.01$；0.168，$p<0.01$；0.119，$p<0.01$）显著正相关。此外，RMD 的系数均大于 RMS 的系数。上述实证结果显示，累计异常收益率与整改措施信息的披露显著正相关，也说明在环境受罚公告中详细披露整改措施这类信息并未降低公司股价，反而有助于提高公司股价。

因此，回归结果验证了假设 14。

表 5-4　　　　　　　　　　模型（2）回归结果

变量	$CAR_{[-15,15]}$	$CAR_{[-10,10]}$	$CAR_{[-5,5]}$	$CAR_{[-3,3]}$
$Cons$	0.182 (0.69)	-0.152 (-0.54)	-0.082 (-0.32)	-0.083 (-0.45)
RMS	0.173*** (3.84)	0.160*** (3.35)	0.151*** (3.53)	0.113*** (3.60)
RMD	0.227*** (5.73)	0.226*** (5.38)	0.168*** (4.46)	0.119*** (3.94)
ROE	-0.031 (-0.61)	-0.080* (-1.88)	-0.010 (-0.214)	-0.034 (-1.47)
$DEBET$	0.074 (0.77)	0.061 (0.60)	-0.050 (-0.56)	-0.029 (-0.43)
$TRADE$	-0.022** (-1.93)	0.025** (2.25)	0.053** (2.08)	0.027* (1.83)
$STATE$	-0.096 (-0.56)	0.125 (0.69)	0.074 (0.45)	0.102 (0.85)
$SIZE$	-0.014 (-1.21)	0.001 (0.05)	-0.001 (-0.13)	0.001 (0.01)
$YEAR$	Control	Control	Control	Control
Obs	72	72	72	72
Adj-R^2	0.428	0.410	0.296	0.303
F-value	4.556***	4.240***	2.565**	2.647***

如表 5-5 中模型（3）的回归结果所示，变量 $CAR_{[-15,15]}$ 分别与变量 IPS（0.103，$p<0.05$）和变量 IPD（0.088，$p<0.05$）显著正相关。当调整时间窗后，变量 $CAR_{[-10,10]}$，变量 $CAR_{[-5,5]}$ 和变量 $CAR_{[-3,3]}$ 均分别与变量 IPS（0.116，$p<0.01$；0.159，$p<0.01$；0.062，$p<0.01$）和

IPD（0.106，$p<0.05$；0.135，$p<0.01$；0.066，$p<0.05$）显著正相关，且变量 *IPS* 的系数均大于 *IPD* 的系数。上述结果表明，累计异常收益率与公告中处罚影响类信息披露显著正相关，说明详细披露此类信息并未降低股价，反而有助于提高公司的股价。因此，回归结果也验证了假设14。

表 5-5　　　　　　　　　　模型（3）回归结果

变量	$CAR_{[-15,15]}$	$CAR_{[-10,10]}$	$CAR_{[-5,5]}$	$CAR_{[-3,3]}$
Cons	-0.672** (-1.96)	-0.528* (-1.66)	-0.101 (-0.35)	-0.203 (-1.014)
IPS	0.103** (2.23)	0.116*** (2.70)	0.159*** (4.01)	0.062** (2.29)
IPD	0.088** (2.27)	0.106** (2.05)	0.135*** (2.82)	0.066** (2.02)
ROE	-0.033 (-0.58)	-0.019 (-0.36)	-0.018 (-0.36)	-0.005 (-0.14)
DEBET	-0.142** (-1.23)	-0.307*** (-2.87)	0.087 (0.88)	-0.157** (-2.34)
TRADE	0.255** (2.27)	0.402*** (3.85)	-0.039 (-1.05)	0.179*** (2.73)
STATE	0.322* (1.76)	0.379* (1.98)	0.030 (0.167)	0.09 (0.75)
SIZE	0.017 (1.16)	0.010 (0.76)	-0.001 (-0.05)	0.004 (0.45)
YEAR	Control	Control	Control	Control
Obs	72	72	72	72
Adj-R^2	0.18	0.357	0.236	0.298
F-value	2.34**	3.39***	1.90*	2.59**

5.6 本章小结

环境行政处罚作为政府对企业环境违规行为的直接制裁手段，不仅对企业的经营活动产生直接影响，还可能通过股票市场这一信息敏感平台，引发股价的波动和投资者行为的改变。为了深入探究股票市场对环境行政处罚事件的反应以及环境受罚公告中信息披露对公司股价的具体影响，本章采用事件研究法，检验了上市公司受环境行政处罚期间股价的反应，通过多元回归检验了环境受罚公告中信息披露对窗口期内股票累计异常收益率的影响。

第一，研究发现，环境行政处罚对股票市场产生了显著的负面冲击，且这种冲击具有"超前"性。具体而言，在上市公司正式受到环境行政处罚之前，其股价就已经开始出现下跌趋势。这一现象表明，环境行政处罚的消息在正式公布之前，可能已经通过某种非公开渠道在市场上流传，导致部分投资者提前做出反应，抛售手中持有的该公司股票。值得注意的是，在受罚前两天，股价会出现短暂的回升，这可能是由于市场对处罚消息的初步反应后，部分投资者认为股价已跌至低位，出现短暂的抄底行为。然而，随着处罚消息的进一步确认和扩散，股价随即再次持续下跌。这种股价的"超前"反应，不仅揭示了市场信息的非对称性，也反映了投资者对环境行政处罚的高度敏感性和预期效应。环保局（行政执法机构）在对上市公司进行环境行政处罚之前，通常需要经历一段调查、收集证据的过程。在这个过程中，尽管处罚决定尚未正式作出，但相关信息的泄露却足以引起市场的关注和投资者的反应。这种信息的非公开传播，不仅可能引发内幕交易，还可能损害市场的公平性和透明度。因此，加强环境行政处罚信息的保密工作，防止信息提前泄露，对于维护市场秩序和保护投资者利益具有重要意义。

第二，与以往研究不同的是，对于受地方（市级）环保部门行政处罚的上市公司而言，发布环境受罚公告并未进一步加剧股价的负面冲击，反而有助于减弱处罚对公司股价的负面影响，且不会损害公司的市场价值。这一结论挑战了传统观念中"政府公开企业违法信息会降低股票收益率"的观点。分析其原因，可能在于地方环保部门的行政处罚相对于国家级或更高层级的处罚而言，其影响力和威慑力相对较小。同时，地方环保部门在处罚过程中可能更加注重与企业的沟通和协调，给予企业一定的整改空间和机会。因此，当上市公司受到地方环保部门行政处罚时，及时发布环境受罚公告，主动向市场传递相关信息，反而能够增强市场的透明度和投资者的信心，避免股价因信息不对称而出现过度反应。

第三，研究发现，环境受罚公告中披露的整改措施信息以及处罚的影响类信息，均对公司股价产生了积极的影响。具体而言，当公司在公告中详细阐述其采取的整改措施、处罚的具体影响以及未来的改进计划时，不仅能够有效缓解处罚带来的危机，还可能提升投资者对公司的信心和预期，从而推动股价的上涨。这一发现表明，环境受罚公告中的信息披露并不是造成股价下跌的原因，反而可能成为缓解危机、提升股价的重要因素。在公告中详细披露整改措施和处罚影响可以展示公司面对环境问题的积极态度和责任感，增强投资者对公司未来发展的信心。同时，这也有助于消除市场因信息不对称而产生的恐慌和误解，维护公司的市场形象和声誉。

本章的研究发现揭示了环境受罚公告中信息披露与股价反应之间的复杂关系。在受到环境行政处罚的情况下，上市公司及时发布环境受罚公告并在公告中详细阐述公司采取的整改措施、处罚影响等信息，不仅有助于避免因信息风险而带来的可能更为严重的经济风险和经济损失还可能成为提升公司股价、增强投资者信心的重要途径。因此，应该重新审视中国上市公司在环境受罚公告中信息披露的经济意义。对于上市公司而言，应充

第 5 章　环境受罚公告中信息披露对公司股价的影响研究

分认识到环境信息披露的重要性，主动、及时、准确地发布相关信息以维护公司的市场形象和声誉。对于监管机构而言，也应加强对上市公司环境信息披露的监管和指导，推动形成更加透明、公正的市场环境。同时，投资者在做出投资决策时，也应充分考虑公司的环境行为和环境信息披露情况以做出更加理性和负责任的投资选择。

第 6 章　研究结论与展望

6.1　研究结论

本书以环境行政处罚为研究视角，基于沪深两市 A 股上市公司披露的年度环境信息，做了两方面研究。首先，研究了环境行政处罚对上市公司环境信息披露的影响。其次，在理论分析环境信息披露影响公司价值机制和路径基础上，研究了上市公司的环境信息披露是否以及如何降低处罚带来的相应的经济影响，即对权益资本成本、债务资本成本和预期现金流量的影响。最后，基于上市公司的环境受罚公告，采用事件研究法检验股票市场对环境受罚公告的反应，并对受罚公告中信息披露对公司股价的影响进行了研究。本书围绕上市公司的年度环境信息披露以及环境受罚公告中的信息披露，对环境行政处罚影响企业价值过程中环境信息披露的经济影响开展了系统的研究。

主要的研究结论可以归纳为以下几方面。

（1）环境行政处罚会影响上市公司的环境信息披露，并显著降低环境信息披露质量。

本书结合合法性理论与印象管理理论对受环境行政处罚企业的环境信息披露行为进行解释。以我国沪深 A 股制造业上市公司为研究对象，从自愿性环境信息披露、强制性环境信息披露和环境信息披露质量三方面，揭示环境行政处罚对公司环境信息披露的影响,并识别哪方面的环境信息质量特征受环境行政处罚的影响。

环境行政处罚会影响上市公司的环境信息披露。一方面,环境行政处罚能够提高上市公司自愿性环境信息披露水平,这表明受罚公司为了缩小环境合法性"缺口",进而对外增加披露正面或对自身有利的环境信息。另一方面,环境行政处罚能够降低重污染行业上市公司强制性环境信息披露水平,这主要体现在受罚公司减少了对敏感的、负面类的环境信息的披露,其形式是不具体的披露和缺乏定量披露。此外,研究还发现,环境行政处罚能够显著降低环境信息披露质量,且环境行政处罚降低上市公司环境信息披露质量主要体现在削弱上市公司年度报告中(CSR报告、环境年报等)环境信息的相关性、可靠性和可理解性。

(2)环境行政处罚会通过环境信息披露增量的中介效应提高公司的权益资本成本和债务资本成本,并降低公司的预期现金流量,这最终损害了公司价值。

本书在理论分析环境信息披露影响公司价值机制与路径的基础上,构建中介效应检验模型,检验环境行政处罚在影响权益资本成本、债务资本成本、预期现金流量和公司价值过程中环境信息披露增量的中介效应,探讨环境行政处罚影响公司价值过程中环境信息披露增量的经济影响。

第一,环境行政处罚增加了公司权益资本成本,环境行政处罚能够通过环境信息披露增量的中介效应增加公司次年的权益资本成本。研究认为,环境行政处罚降低了公司环境信息披露质量和环境信息披露水平,而这加重了权益投资者与公司内部间的信息不对称,投资者无法充分获取环境信息去了解违法企业真实的环境绩效,提高了投资者估计未来收益时的风险。那么,这将增加投资者要求的最低投资回报率,也就提高了公司次年的权益资本成本。

第二,环境行政处罚增加了公司的债务资本成本,环境行政处罚能够通过环境信息披露质量增量的中介效应正向影响公司的债务资本成本。但是，环境行政处罚不能通过环境信息披露水平这一路径影响公司的债务资本成本。债券投资者重视公司受处罚以及由处罚可能引发风险，将公司环境信息披露质量纳入投资决策。环境行政处罚降低了公司环境信息披露的质量，即减少了银行、债券投资者等投资者决策参考的信息量。由于信息匮乏导致的投资风险加大，进而导致投资者要求较高的风险补偿，因此提高了公司的债务资本成本。

第三，环境行政处罚降低了公司的预期现金流量，环境行政处罚通过环境信息披露增量的中介效应负向影响公司的预期现金流。在环境行政处罚下，增量为负的环境信息披露降低了公司的预期现金流量。增量为负的环境信息披露说明公司在信息披露时隐藏了某些环境信息，对某些"硬披露"以及关键处罚信息的隐瞒降低了投资者的预期现金流量估值，也使消费者不愿意为公司的产品支付较高的价格溢价，因此产品需求将会减少，最终降低了公司的经营现金流量。

第四，环境行政处罚通过的环境信息披露增量的中介效应损害了公司价值。在环境行政处罚下，环境信息披露的经济影响体现在"折现率效应"和"现金流量效应"上。虽然增量为正的环境信息披露能够提高公司预期现金流量，也能够降低公司次年的权益资本成本和债务资本成本，但是由于环境行政处罚导致了环境信息披露水平和环境信息披露质量的下降，而负增量的环境信息披露提高了公司次年的权益资本成本和债务资本成本，也降低了预期现金净流量，因此，最终环境行政处罚通过环境信息披露负增量损害了公司价值。

（3）环境行政处罚对上市公司股票市场产生负面冲击，上市公司发布环境受罚公告并未损害公司股价，且在公告中披露整改措施信息和处罚影响等信息均有利于股价。

本书以受到环境行政处罚的上市公司为研究对象，采用事件研究法研究了公司股价对环境行政处罚事件的反应，并构建回归模型检验发布环境受罚公告与累计异常收益率间的关系，以及检验公告中信息披露与累计异常收益率的关系。通过研究,本书揭示了环境受罚公告中信息披露对公司股价的影响。

第一,环境行政处罚对公司市值会产生负面影响。环境行政处罚对股票市场产生负面冲击,这种负面冲击有超前性,即在受环境行政处罚之前股价就已开始下跌,并在受罚前两天股价短暂地回升,然后又下跌。这种趋势的原因在于:环境执法主体在对我国上市公司做出行政处罚之前需要有立案、调查取证、审查有关违法证据的时间。在这期间公司即将受罚的消息通过非公开渠道已提前泄露,部分投资者基于获知的内幕信息抛售股票是造成股价提前下跌的主因。第二,对于受地方(市级)环保部门行政处罚的上市公司,发布环境受罚公告有助于减弱处罚对上市公司股价造成的负面冲击,发布公告并未损害公司市值。第三,在环境受罚公告中披露整改措施信息和处罚影响等信息均有利于股价,而且详细披露这两类信息并未降低公司股价,反而提高了公司股价。因此,在受到环境行政处罚后,公司披露整改措施有助于缓解危机,受罚公司披露环境受罚信息并不是造成股价下跌的原因,环境违法信息泄露,受罚后不公告又不披露才是导致股价下跌的主因。

6.2 实践启示

6.2.1 对投资者等利益相关者的启示

环境行政处罚对公司环境信息披露行为产生了复杂而微妙的影响。一方面,这种处罚机制可能激发了一种积极的反应。受罚公司倾向于提升自愿性环境信息披露的水平。这种看似主动的行为,实际上可能是公司管理者试图通过增加透明度来修复因处罚而受损的公众形象,或是为了向市场传递其正在积极改进环境绩效的信号。另一方面，环境行政处罚显然降低了公司强制性环境信息披露的意愿和水平。这意味着，在法律的硬性规定之外，公司管理层可能选择性地隐瞒某些关键的环境信息，尤其是那些可能对其声誉或财务状况产生负面影响的信息。

对于投资者而言，上述这一现象可能增加了决策的复杂性和决策风险。因此，投资者及所有利益相关者都应保持高度的理性和警觉，以更加审慎的态度来审视和评估受罚公司所披露的环境信息。受环境行政处罚的上市公司，往往会通过增加自愿性环境信息披露来模仿那些未受处罚或环境绩效显著的公司，这种跟随行为可能会精心构建出一种虚假的绿色形象，从而误导投资者对其环境绩效的真实认知。同时，受罚公司出于自我保护的本能，更倾向于隐藏那些负面的、敏感的环境信息，这使得投资者、债权人等利益相关者在试图规避环境风险时，难以获得全面、准确的信息支持。

此外，环境行政处罚还对公司年度环境报告或企业社会责任报告的编制和披露有一定的负面影响。这些报告原本是投资者等利益相关者了解公司环境状况、评估其环境责任履行情况的重要窗口。然而，受罚公司可能会因为担心暴露更多问题而降低报告的完整性、可理解性和相关性。而且，报告的篇幅可能缩短，关键信息可能被模糊处理，甚至某些重要内容可能被直接省略。

投资者等利益相关者在把这些报告当作决策依据使用时，要特别谨慎，得仔细审查报告内容，确认其是否全面呈现了集团总部以及下属单位的环境状况，是否详细披露了节能减排的具体举措、有重大环境影响的建设项目以及这些项目对公司长期发展可能带来的影响，投资者还应留意公司是否构建了有效的环境管理体系，是否制定了切实可行的环保目标，并评估这些目标和措施的实际执行状况。为更全面知晓公司的环境绩效和潜在风险，投资者还可以采用以下策略：其一，强化信息收集与验证，除公司官方披露的环境报告和CSR报告外，投资者还应积极收集第三方机构对公司的环境评估报告、媒体对公司的环境报道以及行业内的相关信息，借助实地考察、与公司员工交流等途径，对公司的环境状况有更直观的认识。其二，建立长期跟踪机制，环境绩效的提升是个长期过程，投资者应建立对公司的长期跟踪机制，定期评估其环境绩效的改善情形，依靠对比不同时间点的数据和信息，能更准确地判断公司的环保努力和成效。其三，参与公司治理与监督，作为公司的利益相关者，投资者有权参与公司的治理和监督。他们可借助提案、质询等方式，促使公司更透明地披露环境信息，并推动公司采取更有效的环保措施。

总之，环境行政处罚对公司环境信息披露行为产生了复杂且深远的影响，投资者等利益相关者应充分认识到这点，以更理性、审慎的态度来评估公司的环境绩效和潜在风险，凭借加强信息收集与验证、建立长期跟踪机制以及参与公司治理与监督等方式，投资者能更有效地规避环境风险，实现可持续的投资回报。

6.2.2 对企业环境管理实践的启示

在当今社会，随着环境保护意识不断提高，环境行政处罚作为政府监管企业环境行为的关键手段，其对企业经营活动的影响越发明显。环境信息披露作为企业与外界沟通环境绩效的桥梁，反映了企业的环境责任履行情况，也直接影响着企业的资本成本、现金流量、公司价值以及市场反应。本书环境行政处罚凭借环境信息披露增量产生的中介效应出发，探讨其对权益资本成本、债务资本成本、预期现金流量、公司价值以及股价反应的影响，并提出相应对策。

环境行政处罚是对企业环境违法行为的直接制裁，它增加了企业的直接经济负担，还依靠环境信息披露的增量中介效应，间接提高了企业的资本成本，这一效应的形成，是因为资本市场投资者能敏锐捕捉并区别对待环境信息披露的差异，投资者评估企业投资价值时，会把环境绩效当作关键考量因素之一。环境信息披露的质量和水平直接关乎投资者对企业的信任度及风险评估，影响企业的融资条件与资本成本。环境行政处罚致使的环境信息披露增量，暴露了企业环境管理的不足与潜在风险，降低了投资者对企业未来盈利能力的预期，投资者为补偿因环境风险增加带来的潜在损失，会要求更高回报率，导致权益资本成本上升。对此，受罚上市公司应充分认识环境信息披露的经济价值，积极提高信息披露的质量与透明度，凭借定期发布详细的环境报告，展示企业在环境改善方面的努力与成效，来重建投资者信心，降低权益资本成本。在债务市场，债权人也关注企业的环境风险，环境行政处罚及随后的信息披露增量，可能被视作企业信用风险的信号，使债权人提高贷款利率或缩短贷款期限，以规避潜在的环境风险。受罚企业应加强与债权人的沟通，借助提供详尽的环境信息披露，展示企业在环境风险管理方面的能力与决心，来争取更优惠的债务融资条件。

环境行政处罚影响企业的资本成本，还借助环境信息披露增量的中介效应，降低了企业的预期现金流量，这一影响主要源于产品市场中消费者的反应。消费者作为环境信息的最终接收者，可识别并响应企业环境信息披露的变化。当企业因环境违法行为受处罚并公开披露时，消费者可能因质疑企业环保形象而减少对其产品的需求，影响企业的销售收入与现金流量。在产品市场中，消费者的购买决策越来越受企业环境绩效的影响，环境行政处罚及其信息披露增量，会提高消费者对环保产品的偏好与对非环保产品的抵制。受罚企业应积极调整产品策略，加大环保产品的研发与投入，借助提升产品的环保属性来重新赢得消费者的信任与青睐。面对因环境信息披露增量导致的现金流量下降，受罚企业应加强现金流量管理，凭借提高运营效率、降低成本、拓展融资渠道等方式，提高企业的现金流动性与抗风险能力。企业还应加强与供应商、客户等利益相关者的沟通与合作，共同构建绿色供应链，以降低环境风险对现金流量的负面影响。

环境行政处罚通过环境信息披露增量损害公司价值的现象，揭示了企业环境信息披露质量与公司价值之间的紧密联系。无论是有意识的环境信息披露操纵，还是无意识的不重视信息披露，都可能导致企业价值的下降。这是因为，环境信息披露即是企业履行社会责任的体现，也是投资者评估企业价值的重要依据。在环境信息披露中，一些企业可能试图通过隐瞒信息、降低信息可读性等方式来减轻环境行政处罚的负面影响。然而，这种做法往往适得其反，不仅无法掩盖企业的环境风险，反而可能因信息不对称而加剧投资者的不信任与恐慌。受罚企业应摒弃机会主义行为，坚持诚实守信的原则，全面、准确地披露环境信息，以维护企业的声誉与价值。在受到环境行政处罚后，对企业价值最有利的信息披露策略应是提高环境信息披露的质量与水平。由此提出，企业应建立完善的环境信息披露制度，明确披露的内容、格式等，确保信息的及时性与准确性。同时，企业还应加强与投资者的沟通与交流，通过举办投资者说明会等方式，主动向投资者等利益相关者传递企业的环保理念与成果，以提升企业的市场形象与价值。

环境受罚公告中的信息披露，不仅是企业应对环境危机的必要手段，也是降低环境风险、缓解市场不良反应的有效途径。企业通过及时发布环境受罚公告，并详细阐述企业采取的整改措施与未来计划，企业管理者可以主动引导市场舆论，减少处罚事件对公司股价的负面冲击。在受到环境行政处罚后，企业应第一时间发布环境受罚公告，向市场传递企业的正面态度与行动。公告内容应包括但不限于处罚原因、处罚结果、反思以及未来的整改计划等。通过及时、透明的环境信息披露，企业可以抢占舆论先机，避免市场谣言与误解等的扩散。在相关公告中，企业应详细阐述已采取或计划采取的整改措施，包括加强环境管理、提升环保技术、优化生产工艺等。不仅如此，企业还应明确整改的时间、期间与责任人，以展示企业在环境改善方面的决心与行动力。这些类别环境信息的披露，有助于增强投资者与消费者对企业的信心与期待，从而减轻环境处罚事件对公司股价的负面影响。

除了发布公告外，企业还应加强与投资者、消费者、供应商等利益相关者的沟通与互动。建议通过举办线上或线下的交流会、座谈会等方式，深入了解利益相关者的关切与期望，并及时回应他们的疑问与诉求。

通过这种双向沟通机制的建立，将有助于增进企业与利益相关者之间的信任与理解，还能为企业未来的环境管理与信息披露提供正向的反馈与指导。

综上所述，环境行政处罚通过环境信息披露增量的中介效应对企业的资本成本、预期现金流量、公司价值以及股价反应产生了多重的影响。面对这一挑战，受罚企业应积极调整信息披露策略，提升信息披露的质量与透明度以重建市场信任与降低环境风险。企业还可以加强与利益相关者的沟通与合作，共同推动绿色发展与可持续发展目标的实现。随着社会各方环境保护意识的不断提升与资本市场的日益成熟，环境信息披露将成为企业竞争与发展的重要因素之一。因此，企业应不断优化自身的信息披露体系与策略，以适应不断变化的市场环境与监管要求。

6.2.3 对政策制定、环境信息披露监管的启示

环境行政处罚作为政府监管企业环境行为的重要手段，对上市公司的年度环境信息披露产生一定程度的影响。这些影响不仅体现在法律层面上的行政处罚和相应惩罚，更在于它通过改变利益相关者的决策，进而对公司的经济活动产生实质经济影响。环境行政处罚的存在，使得上市公司在面临环境违规时，需要更加谨慎地对待其环境信息的披露，以避免可能的法律风险和一系列的声誉损失。这种谨慎态度反过来又促使公司更加注重环境信息的对外公开，从而提高年度环境信息披露的质量和水平，以期获得利益相关者的信任和支持。为了便于外部利益相关者，如投资者、消费者、监管机构等，来准确、高效地辨识受罚公司披露的环境信息，政府和主流媒体应当发挥其引导作用。例如，政府可以通过制定更加严格和细化的环保法规，明确环境信息披露的标准和要求，为上市公司提供清晰的指导和规范。政府还应该加大对环境违法行为的打击力度，提高违法成本，让违法者付出相应的经济代价。财经媒体则可以利用其广泛的传播渠道和

影响力，对受罚上市公司的环境实践表现进行深度报道，揭露其环境违规行为，同时宣传和推广环保理念，提高公众对企业环境问题的了解和关注度。在政府、主流媒体等利益相关方的共同推动下，受罚上市公司将被迫地更加主动地承担企业环境责任，提升环境信息披露的透明度和可信度。这将有助于修复受损的声誉和形象，还会赢得利益相关者的理解和认同，为公司的绿色发展奠定坚实的基础。

环境行政处罚不仅降低上市公司对强制性类环境信息披露的水平，还将降低环境信息披露的质量。这一发现揭示了环境行政处罚的严厉性和一定程度上的有效性，它迫使上市公司在面临环境违规时，需要重新审视和调整其环境信息披露策略。然而，这种调整往往不是积极主动的，而是倾向于降低披露水平、减少披露内容或模糊披露细节，以降低可能的法律风险和声誉损失。因此，为了更好地规范受环境行政处罚公司的环境信息披露行为，约束在披露中可能存在的信息操纵行为，行政监管部门应采取更加有力的措施。一方面，建议加强对被处罚上市公司环境信息披露的日常监管。例如，通过定期审查、现场检查、随机抽查等方式，确保其披露的信息真实、准确、完整，避免虚假披露、隐瞒披露或延迟披露等违规行为。另一方面，要加大对违规披露行为的行政处罚力度，提高企业的违法成本，让受罚公司付出一定程度的经济损失和声誉损失，目的在于以儆效尤。此外，建立针对受罚上市公司环境信息披露的第三方审计机制。经由专业的审计机构对企业环境信息披露进行独立、客观的审计和评价，出具审计报告和审计意见，以提高环境信息的可信度和公信力。第三方审计机制将在一定程度上防止上市公司在环境信息披露中的操纵行为，确保其披露的信息更加真实、可靠和有用。考虑到我国部分地区环境监管部门的监管职能相对分散，且各部门之间可能缺乏有效的信息共享和协作配合，这可能在一定程度上影响了环境信息披露的效率和效果。因此，各级环保部门应加强信息共享和协作配合，可以考虑共同构建信息的共享平台。该平台可以实时更新上市公司的环境处罚信息、违法整改情况、环境绩效等，方便投资者等利益相关者及时、全面地了解公司的真实环境表现，以有效规避潜在的环境风险。

我国目前上市公司环境信息披露制度和监管尚不完善，这给上市公司隐瞒环境受罚的信息留有了可乘之机。一些公司可能利用制度的漏洞和监管的漏洞，主观地隐瞒或延迟披露环境受罚信息，以逃避法律制裁和尽可能避免声誉损失。这类行为既损害投资者的合法权益，又破坏资本市场的公平、公正和透明环境。因此，资本市场中的监管机构应积极行动起来，制定相对更加严格的法规和政策来规范上市公司的环境信息披露行为。具体来说，地方政府环保部门在执法过程中应做到公正、公平、公开，还应切实履行监督公司发布环境受罚公告的职责。监管机构可以通过建立环境信息披露的专项检查制度、设立举报奖励机制、加强与社会监督的结合等方式，尽可能保证股市中的投资者能够及时、准确地获得公司受到企业受处罚的信息。同时，监管机构还应加强对上市公司环境信息披露的培训和指导，提高公司管理者信息披露的意识和能力。因为一些上市公司可能并不清楚如何正确、规范地披露环境信息，或者一部分管理者对环境信息披露的重要性和必要性认识存在不足。监管机构可通过组织培训会、研讨会、座谈会等方式向上市公司普及环境信息披露的知识和技能，提高其信息披露的质量和水平。在完善环境信息披露制度和监管方面，还需要考虑如何平衡上市公司的信息披露成本和信息披露效益。环境信息披露必然有投入人力、物力和财力，这实际上体现为一种运行成本。因此，制定合理的信息披露标准和要求，尽可能地达到既不过度增加上市公司的负担，又能满足利益相关者的信息需求。同时，通过建立信息披露的激励机制和补偿机制对积极披露环境信息的公司给予一些奖励和补偿以回应其披露的积极性和主动性。

上市公司在环境受罚公告中的信息披露并未能导致股票价格的惩罚性下跌，反而被用于缓解环境行政处罚带来的危机。这一现象反映出我国目前针对上市公司环境信息披露的政策在一定程度上存在失效的问题，也揭示了投资者在面对环境受罚公告时的复杂心理和决策过程。环境受罚公告中的信息披露不仅是一种降低环境风险、缓解危机的手段，也是避免处罚事件持续发酵，进而酿成更大经济损失的有利选择。因此，上市公司在受到环境行政处罚后，应及时、全面地发布环境受罚公告，并在公告中详细阐述公司采取的整改措施、未来的环保计划、对投资者的补偿方案以及环境信息披露的改进计划等信息。通过积极、主动的信息披露和沟通，上市公司可以有效地缓解投资者的恐慌情绪和不确定性，降低处罚事件对公司股价的不良影响。同时，上市公司还应加强与投资者的沟通，及时回应投资者的关切和疑问，增强投资者的信心和信任。环境受罚公告的发布不仅是一次危机应对的过程，也是一次与投资者重新建立信任和合作的机会。上市公司应充分利用这一机会展示其环保责任意识和改进决心，为公司的可持续发展和股价稳定奠定坚实的基础。

针对上市公司环境信息披露中存在的一些问题，应从政策层面进行优化和调整。首先，建议加强对环境信息披露政策的宣传和推广，让更多的上市公司和利益相关者了解并重视环境信息披露的重要性和必要性。政府可以通过组织宣传活动、制定宣传手册和指南等方式提高上市公司对环境信息披露的认知度和参与度。其次，还应该不断完善和优化环境信息披露政策本身。现有的环境信息披露政策难免存在一些漏洞和空白，需要及时修订和完善。例如，可以更加细化环境信息披露的内容和要求，明确披露的格式和标准，提高披露的可操作性和可比较性。同时，还可以建立环境信息披露的评价体系和奖惩机制，对积极披露、规范披露的上市公司给予表彰和奖励，对违规披露、虚假披露的公司给予严厉处罚和曝光。此外，还需要加强环境信息披露政策与其他相关政策的协调和配合。环境信息披露政策应与环保政策、产业政策、金融政策等相互衔接，形成政策合力和政策联动。例如，可以与绿色金融政策相结合对积极披露环境信息、环境绩效较好的上市公司给予贷款优惠、融资支持等激励措施，也可以与税收政策相结合对环保投入较多、环境绩效较好的公司给予税收优惠或减免等。在环境信息披露的过程中，上市公司承担着重要的企业责任。作为环境行为的主体和受益者，上市公司有责任和义务向利益相关者披露其环境行为和环境绩效以接受社会的监督和评价。上市公司还应积极响应利益相关者的期望和需求，不断提高环境信息披露的质量和水平满足其对环境信息的知情权和使用权。投资者作为上市公司的重要利益相关者之一，对环境信息披露有着较高的期望和要求。投资者希望通过环境信息披露了解公司的环保状况、环保投入、环保绩效等信息以评估公司的投资价值和发展前景。因此，上市公司应加强与投资者的互动和沟通，并及时回应投资者的关切和期望，提高环境信息披露的针对性和有效性。消费者作为产品市场的主体和环保行为的直接受益者，也对环境信息披露有着较高的关注度和敏感度。消费者希望通过环境信息披露了解公司的环保形象、环保产品和环保服务等信息，以做出更加理性和绿色的消费选择。因此，上市公司应注重产品市场的反馈和效应，通过环境信息披露提升品牌形象和市场竞争力。除了投资者和消费者外，还有其他利益相关者如员工、供应商、社区等也对环境信息披露有着不同的期望和需求。上市公司应充分考虑各利益相关者的利益和需求，平衡好各方利益关系，实现环境信息披露的全面性和协调性。

6.3 研究创新点

（1）构建了基于公司—年度两维群聚无偏标准误估计的回归模型，揭示了环境行政处罚对上市公司环境信息披露的影响，识别出哪些环境信息质量特征受到环境行政处罚的影响。

在环境规制压力对公司环境信息披露的影响研究方面，部分文献探讨了政策出台、法律法规等外部压力对环境信息披露水平的影响。行政处罚在性质和对施压的程度上均不同于一般的环境规制，文献中缺乏关于对

第 6 章　研究结论与展望

政府环境行政处罚如何影响环境信息披露这一问题的研究。此外，现有研究也尚未从信息质量特征方面揭示环境信息披露如何受环境行政处罚的影响。

本书采用公司—年度两维群聚校正标准误估计的回归、倾向得分匹配法和参数检验等方法，实证检验了环境行政处罚对上市公司环境信息披露水平和信息披露质量的影响。经研究发现，环境行政处罚降低了上市公司强制性环境信息披露的水平和环境信息披露的质量；通过独立样本 t 检验，首次揭示了环境行政处罚削弱了上市公司年度环境报告和 CSR 报告中环境信息的相关性、完整性和可理解性。本书给出了环境行政处罚影响上市公司环境信息披露行为的理论解释，拓展了合法性理论和印象管理理论在我国的适用性，丰富了文献中关于公司环境信息披露影响因素的研究。

（2）构建了环境信息披露增量的中介效应检验模型，系统地揭示了环境信息披露增量在环境行政处罚影响公司价值过程中的中介效应。

在关于环境信息披露的价值相关性的文献中，虽然有学者研究了年度环境信息披露与公司价值之间的相关性，但是这类研究并未将环境行政处罚、年度环境信息披露与影响公司价值的主要因素纳入统一的分析框架系统研究它们之间的关系。此外，很多上市公司的 CSR 报告或年度环境报告在不同年份变化不大，除了具体的事项和数字变动，表述几乎不做调整，可以说是套用照搬，被称为"克隆报告"。信息披露变化的部分能够为信息需求者提供额外的信息，对股东、债权人等利益相关者而言更有价值。因此，本书从年度披露增量的角度探究环境信息披露的价值相关性，这不同于以往的研究。环境行政处罚在影响公司价值过程中，环境信息披露增量是否发挥了中介效应，这一过程的作用机制在文献中也尚未得到解决。

因此，本书基于信息披露增量这一崭新的角度，构建环境信息披露增量的中介效应检验模型，从权益资本成本、债务资本成本和预期现金流量方面，系统而全面地揭示了环境信息披露增量在环境行政处罚影响公司价值过程中的中介效应。实证发现：环境行政处罚通过环境信息披露增量的中介效应提高了权益资本成本和债务资本成本，降低了预期现金流量，并最终损害了公司价值。本发现补充、完善了文献中关于环境行政处罚对公司价值的影响机制，也为环境信息披露具有价值相关性这一论点提供了环境行政处罚视角下的新证据，丰富了文献中对公司年度环境信息披露经济性的认知。

（3）构建了环境受罚公告中信息披露对累计异常收益率的影响模型，揭示了环境受罚公告中信息披露对公司股价的影响。

在关于负面环境事件对公司市值的影响这类研究中，相关研究混淆了公告中信息披露的股价影响和事件的股价影响，未能从中辨别公告中信息披露的真正作用。虽有部分学者探究了政府公开企业环境违法、新闻媒体揭露企业环境污染对股票市场的影响，但目前尚未有研究揭示环境受罚公告中信息自披露对公司股价的影响。此外，文献中对环境信息披露的作用也有争议。一类观点是：公司披露环境信息是积极应对合法性危机的体现，有助于避免环境问题对公司造成的负面影响。另一类观点是：环境事故、法律诉讼等不当行为的公告被视为监管机构将环境负外部性内化的行政手段，是政府管制的补充，具有威慑效应。

本书解决了上述研究中的不足和争议，以受地方环保部门行政处罚的上市公司为研究对象，构建环境受罚公告中信息披露对累计异常收益率的影响模型，实证发现：无论上市公司发布环境受罚公告，还是在公告中详细信息披露均有助于缓解处罚对公司股价造成的负面影响，并未损害公司市值。这一发现揭示了环境受罚公告中信息披露的对缓解处罚对公司股价冲击的积极作用，为公司环境信息披露具有积极的经济影响这一观点提供了新的证据，也丰富了相关文献中对公司环境信息披露经济性上的认知，特别是披露受罚信息经济性的认知。

6.4 研究展望

本书研究了环境行政处罚对上市公司环境信息披露的影响,以及环境行政处罚下环境信息披露的经济影响,在研究内容、理论方法和研究结果等方面进行了深入分析和挖掘,尽可能对环境行政处罚影响下的公司环境信息披露行为及其经济影响理论化,旨在对政府信息披露监管和利益相关者决策、公司环境责任履行等起到一定的启示性作用。但限于作者的研究能力和时间精力,研究难免存在一些局限或不足。在未来,研究可从以下几个方面深入开展。

第十二届全国人民代表大会第八次会议通过了《环境保护法修正案》,这使得环境保护部门的执法权力得到加强。政府在立法层面重视环境保护,环境行政处罚案件数量急速增加。因而,本研究可以获得更多关于上市公司环境违法、环境处罚等案件的相关数据。因为政策变化可能对上市公司的环境信息披露产生影响,为了尽可能避免环境法规的变化可能对研究结论产生负面影响,本书采用 2014 年作为数据的起始年份。与上市公司年度环境信息披露数据获取具有滞后性不同,环境受罚公告中的信息披露数据在当年即可获取。未来的研究有必要拓展研究年份并增加样本量,以评估环境受罚公告中的信息披露的经济影响。受限于可获得的样本量,第 5 章选取的研究样本均来源于受省级以下(市级)环保部门处罚的上市公司,对于受省级以上环保部门行政处罚的上市公司,环境受罚公告中信息披露的经济作用还需进一步检验。

第 5 章聚焦于环境受罚公告中信息披露对公司股票市值的影响,并未将债务市场价值作为研究要点。具有以下几点原因:第一,我国上市公司债务融资不仅通过公司债券,也更多依靠银行贷款。且受限于中国债券市场的发展程度和市场化程度,只有少部分上市公司在本研究时间范围内发行公司债券,且大部分公司债没有日交易数据,数据的匮乏难以计算能反映债市反应的异常收益率指标。第二,尽管有少数研究者借助信用价差这一替代指标试图解释某些事件对公司债务市场的影响,但是用该指标度量存在固有缺陷,无法反映出债券市场在事件窗对某一事件的短期反应。基于上述原因,第 5 章中的研究聚焦于公司市场价值的最主要方面,仅研究环境受罚公告中信息披露对公司市值的影响。在未来,随着我国债市的发展和市场化程度的提高,届时在具备充分数据的前提下,有必要检验债券市场对环境处罚事件的反应,并揭示在环境受罚公告中信息披露的经济影响。

附　录

主要符号表

符号	代表意义
EID	环境信息披露
VEIL	自愿性环境信息披露水平
MEIL	强制性环境信息披露水平
EIQ	环境信息披露质量
PENALTY	环境行政处罚
$\Delta EIDL$	环境信息披露水平增量
$\Delta EIDQ$	环境信息披露质量增量
ECC	权益资本成本
DCC	债务资本成本
CF	现金流量
FV	公司价值
AR	异常收益率
AAR	平均异常收益率
CAR	累计异常收益率
CAAR	累计平均异常收益率
PSM	倾向得分匹配法
2SLS	两阶段最小二乘法

参 考 文 献

[1] Managi S., Kaneko S. Environmental performance and returns to pollution abatement in China [J]. Ecological Economics, 2009, 68 (6): 1643 – 1651.

[2] Diao X. D., Zeng S. X., Tam C. M. et al.. EKC analysis for studying economic growth and environmental quality: A case study in China [J]. *Journal of Cleaner Production*, 2009, 17 (5): 541 – 548.

[3] Deegan C. The legitimising effect of social and environmental disclosures-a theoretical foundation [J]. *Accounting, Auditing & Accountability Journal*, 2002, 15 (3): 282 – 311.

[4] O'Dwyer B. Managerial perceptions of corporate social disclosure: An Irish story [J]. *Accounting, Auditing & Accountability Journal*, 2002, 15 (3): 406 – 436.

[5] O'Donovan G. Environmental disclosures in the annual report: Extending the applicability and predictive power of legitimacy theory [J]. *Accounting, Auditing & Accountability Journal*, 2002, 15 (3): 344 – 371.

[6] Deegan C, Rankin M. Do Australian companies report environmental news objectively?: An analysis of environmental disclosures by firms prosecuted successfully by the Environmental Protection Authority [J]. *Accounting, Auditing & Accountability Journal*, 1996, 9 (2): 50 – 67.

[7] Islam M. A., Deegan C. Motivations for an organisation within a de-

veloping country to report social responsibility information Evidence from Bangladesh [J]. *Accounting, Auditing & Accountability Journal*, 2008, 21 (6): 850–874.

[8] Deegan C., Rankin M., Tobin J. An examination of the corporate social and environmental disclosures of BHP from 1983–1997: A test of legitimacy theory [J]. *Accounting, Auditing & Accountability Journal*, 2002, 15 (3): 312–343.

[9] Peloza J. Using corporate social responsibility as insurance for financial performance [J]. *California Management Review*, 2006, 48 (2): 52–72.

[10] Stone M., Erickson S. L., Thorwick M. An examination of Pfizer's crisis communication strategies in the Celebrex case [J]. *American Journal of Management*, 2015, 15 (1): 11–23.

[11] Lee S. Y., Park Y. S., Klassen R. D. Market responses to firms' voluntary climate change information disclosure and carbon communication [J]. *Corporate Social Responsibility and Environmental Management*, 2015, 22 (1): 1–12.

[12] Richardson A. J., Welker M., Hutchinson I. R. Managing capital market reactions to corporate social responsibility [J]. *International Journal of Management Reviews*, 1999, 1 (1): 17–43.

[13] Amir E., Lev B. Value-relevance of nonfinancial information: The wireless communications industry [J]. *Journal of Accounting and Economics*, 1996, 22 (3): 3–30.

[14] Aerts W., Cormier D., Magnan M. Corporate environmental disclosure, financial markets and the media: An international perspective [J]. *Ecological Economics*, 2008, 64 (3): 643–659.

[15] Clarkson P. M., Fang X., Li Y. et al.. The relevance of environmental disclosures: Are such disclosures incrementally informative? [J]. *Jour-*

nal of Accounting and Public Policy, 2013, 32 (5): 410 –431.

[16] Qiu Y., Shaukat A., Tharyan R. Environmental and social disclosures: Link with corporate financial performance [J]. British Accounting Review, 2016, 48 (1): 102 –116.

[17] Neu D., Warsame H., Pedwell K. Managing Public Impressions: Environmental Disclosures in Annual Reports [J]. Accounting, Organizations and Society, 1998, 23 (3): 265 –282.

[18] Merkl – Davies D. M., Brennan N. M., Mcleay S. J. Impression management and retrospective sense-making in corporate narratives: A social psychology perspective [J]. Accounting, Auditing and Accountability Journal, 2011, 24 (3): 315 –344.

[19] Leung S., Parker L., Courtis J. Impression management through minimal narrative disclosure in annual reports [J]. British Accounting Review, 2015, 47 (3): 275 –289.

[20] Warsame H., Neu D., Simmons C. V. Responding to "Discrediting" Events: Annual Report Disclosure Responses to Environmental Fines [J]. Accounting & the Public Interest, 2002, 2 (1): 22 –40.

[21] Cho C. H. Legitimation Strategies Used in Response to Environmental Disaster: A French Case Study of Total SA's Erika and AZF Incidents [J]. European Accounting Review, 2009, 18 (1): 33 –62.

[22] Villiers C. de, Van Staden C. J. Where firms choose to disclose voluntary environmental information [J]. Journal of Accounting and Public Policy, 2011, 30 (6): 504 –525.

[23] Fama E. F., Fisher L., Jensen M. C. et al.. The adjustment of stock prices to new information [J]. International Economic Review, 1969, 10 (1): 1 –21.

[24] Freedman M., Patten D. M. Evidence on the pernicious effect of fi-

nancial report environmental disclosure [J]. *Accounting Forum*, 2004, 28 (1): 27 – 41.

[25] Griffin P. A., Sun Y. Going green: Market reaction to CSRwire news releases [J]. *Journal of Accounting and Public Policy*, 2013, 32 (2): 93 – 113.

[26] Radhouane I., Nekhili M., Nagati H. et al.. The impact of corporate environmental reporting on customer-related performance and market value [J]. *Management Decision*, 2018, 56 (7): 1630 – 1659.

[27] Deegan C., Rankin M. The materiality of environmental information to users of annual reports [J]. *Accounting, Auditing & Accountability Journal*, 1997, 10 (4): 562 – 583.

[28] Delgado – Márquez B. L., Pedauga L. E. Environmental Behavior and MNEs: A Strategy Pulled by Stakeholder Engagement [J]. *Business Strategy and the Environment*, 2017, 26 (7): 927 – 939.

[29] Li Q., Li T., Chen H. et al.. Executives' excess compensation, legitimacy, and environmental information disclosure in Chinese heavily polluting companies: The moderating role of media pressure [J]. *Corporate Social Responsibility and Environmental Management*, 2019, 26 (1): 248 – 256.

[30] Ferreira M. C., Silva A. H. C. e, Machado Neto M. M. The Voluntary Social Disclosure and Fukushima Nuclear Accident: A Case Study of the Eletronuclear [J]. *Revista Universo Contábil*, 2012: 76 – 96.

[31] Merkl – Davies D. M., Brennan N. M. Discretionary Disclosure Strategies in Corporate Narratives Incremental Information or Impression Management [J]. *Journal of Accounting Literature*, 2007, 26: 116 – 194.

[32] García Osma B., Guillamón – Saorín E. Corporate governance and impression management in annual results press releases [J]. *Accounting, Organizations and Society*, 2011, 36 (4): 187 – 208.

[33] MartíNez - Ferrero J. , Suárez - Fernández O. , García - Sánchez I. M. Obfuscation versus enhancement as corporate social responsibility disclosure strategies [J]. *Corporate Social Responsibility and Environmental Management*, 2019, 26 (2): 468 - 480.

[34] Ben - Amar W. , Belgacem I. Do socially responsible firms provide more readable disclosures in annual reports? [J]. *Corporate Social Responsibility and Environmental Management*, 2018, 25 (5): 1009 - 1018.

[35] Lo K. , Ramos F. , Rogo R. Earnings management and annual report readability [J]. *Journal of Accounting and Economics*, 2017, 63 (1): 1 - 25.

[36] Melloni G. , Caglio A. , Perego P. Saying more with less? Disclosure conciseness, completeness and balance in Integrated Reports [J]. *Journal of Accounting and Public Policy*, 2017, 36 (3): 220 - 238.

[37] Hamilton S. F. , Zilberman D. Green markets, eco-certification, and equilibrium fraud [J]. *Journal of Environmental Economics and Management*, 2006, 52 (3): 627 - 644.

[38] 张淑惠, 史玄玄, 文雷. 环境信息披露能提升企业价值吗?——来自中国沪市的经验证据 [J]. 经济社会体制比较, 2011 (6): 166 - 173.

[39] 沈洪涛, 游家兴, 刘江宏. 再融资环保核查、环境信息披露与权益资本成本 [J]. 金融研究, 2010, 12: 159 - 172.

[40] 吴红军. 环境信息披露、环境绩效与权益资本成本 [J]. 厦门大学学报 (哲学社会科学版), 2014 (3): 129 - 138.

[41] Reverte C. The Impact of Better Corporate Social Responsibility Disclosure on the Cost of Equity Capital [J]. *Corporate Social Responsibility and Environmental Management*, 2012, 19 (5): 253 - 272.

[42] Plumlee M. , Brown D. , Hayes R. M. et al. . Voluntary environmental disclosure quality and firm value: Further evidence [J]. *Journal of Accounting and Public Policy*, 2015, 34 (4): 336 - 361.

［43］Li S., Liu C. Quality of Corporate Social Responsibility Disclosure and Cost of Equity Capital: Lessons from China［J］. *Emerging Markets Finance and Trade*, 2018, 54（11）: 2472–2494.

［44］Dhaliwal D. S., Li O. Z., Tsang A. et al.. Voluntary nonfinancial disclosure and the cost of equity capital: The initiation of corporate social responsibility reporting［J］. *The Accounting Review*, 2011, 86（1）: 59–100.

［45］倪娟, 孔令文. 环境信息披露、银行信贷决策与债务融资成本——来自我国沪深两市 A 股重污染行业上市公司的经验证据［J］. 经济评论, 2016（1）: 147–156.

［46］李志军, 王善平. 货币政策、信息披露质量与公司债务融资［J］. 会计研究, 2011（10）: 56–62.

［47］刘婉君. 环境信息披露对企业债务融资的影响［D］. 杭州: 浙江大学, 2018.

［48］Francis J., Nanda D., Olsson P. Voluntary disclosure, earnings quality, and cost of capital［J］. *Journal of Accounting Research*, 2008, 46（1）: 53–99.

［49］袁洋. 环境信息披露质量与股权融资成本——来自沪市 A 股重污染行业的经验证据［J］. 中南财经政法大学学报, 2014（1）: 126–136.

［50］任力, 洪喆. 环境信息披露对企业价值的影响研究［J］. 经济管理, 2017, 39（3）: 34–47.

［51］权小锋, 吴世农, 尹洪英. 企业社会责任与股价崩盘风险:"价值利器"或"自利工具"?［J］. 经济研究, 2015, 50（11）: 49–64.

［52］Ding X., Qu Y., Shahzad M. The impact of environmental administrative penalties on the disclosure of environmental information［J］. *Sustainability*, 2019, 11（20）: 1–24.

［53］Xu X. D., Zeng S. X., Tam C. M. Stock market's reaction to disclosure of environmental violations: evidence from China［J］. *Journal of Business*

Ethics,2012,107(2):227-237.

[54] Capelle-blancard G., Laguna M. A. How does the stock market respond to chemical disasters? [J]. *Journal of Environmental Economics and Management*,2010,59(2):192-205.

[55] Dasgupta S., Hong J. H., Laplante B. et al.. Disclosure of environmental violations and stock market in the Republic of Korea [J]. *Ecological Economics*,2006,58(4):759-777.

[56] James H. Pollution as news:media and stock market reactions to the toxics release inventory data [J]. *Journal of Environmental Economics and Management*,1995,28(1):98-113.

[57] Laplante B., Lanoie P. The market response to environmental incidents in Canada:a theoretical and empirical analysis [J]. *Southern Economic Journal*,1994,60(3):657-672.

[58] 王依,龚新宇. 环保处罚事件对"两高"上市公司股价的影响分析 [J]. 中国环境管理,2018,10(2):26-31.

[59] Yang J., Lu W., Zhou C. The immediate impact of purchasing/sales contract announcements on the market value of firms:An empirical study in China [J]. *International Journal of Production Economics*,2014,156:169-179.

[60] Scholtens B., Boersen A. Stocks and energy shocks:The impact of energy accidents on stock market value [J]. *Energy*,2011,36(3):1698-1702.

[61] 陈燕红,张超. 环境违法成本视角下的上市公司股价对污染事件响应特征研究 [J]. 中国人口·资源与环境,2017,27(5):61-66.

[62] 方颖,郭俊杰. 中国环境信息披露政策是否有效:基于资本市场反应的研究 [J]. 经济研究,2018,53(10):158-174.

[63] Dasgupta S., Laplante B., Mamingi N. Pollution and capital mar-

kets in developing countries [J]. *Journal of Environmental Economics and Management*, 2001, 42 (3): 310-335.

[64] Carpentier C., Suret J. M. Stock market and deterrence effect: A mid-run analysis of major environmental and non-environmental accidents [J]. *Journal of Environmental Economics and Management*, 2015, 71: 1-18.

[65] 张梓太. 论我国的环境行政罚则 [J]. 江苏社会科学, 1994 (4): 43-48.

[66] 蔡守秋. 环境资源法学教程 [M]. 武汉: 武汉大学出版社, 2000.

[67] 程雨燕. 环境行政处罚制度研究 [M]. 广州: 广东人民出版社, 2013.

[68] 苏忠华. 我国环境行政处罚研究 [D]. 兰州: 兰州大学, 2018.

[69] 厉以宁, 吴易凤, 李懿. 西方福利经济学述评 [M]. 北京: 商务印书馆, 1984.

[70] 张宏军. 西方外部性理论研究述评 [J]. 经济问题, 2007 (2): 14-16.

[71] 向昀, 任健. 西方经济学界外部性理论研究介评 [J]. 经济评论, 2002 (3): 58-62.

[72] 于付秀. 环境外部性问题的政府管制研究 [D]. 成都: 电子科技大学, 2006.

[73] Akerlof G. A. The Market for Lemons: Quality Uncertainty and the Market Mechanism [J]. The Quarterly Journal of Economics, 1970, 84 (3): 488-500.

[74] Spence M. Job Market Signaling [J]. *The Quarterly Journal of Economics*, 1973, 87 (3): 355-374.

[75] 曾颖, 陆正飞. 信息披露质量与股权融资成本 [J]. 经济研究, 2006 (2): 69-80.

[76] Diamond D. W., Verrecchia R. E. Disclosure, Liquidity, and the Cost of Capital [J]. *The Journal of Finance*, 1991, 46 (4): 1325 – 1359.

[77] Bloomfield R. J., Wilks T. J. Disclosure effects in the laboratory: Liquidity, depth, and the cost of capital [J]. *Accounting Review*, 2000, 75 (1): 13 – 41.

[78] Handa P., Linn S. C. Arbitrage Pricing with Estimation Risk [J]. *The Journal of Financial and Quantitative Analysis*, 1993, 28 (1): 81.

[79] Edward Freeman R. *Strategic management: A Stakeholder Approach* [M]. Pitman, London: 1984.

[80] Edward Freeman R., Evan W. M. Corporate governance: A stakeholder interpretation [J]. *The Journal of Behavioral Economics*, 1990, 19: 337 – 359.

[81] Donaldson T. The Stakeholder Revolution and the Clarkson Principles [J]. *Business Ethics Quarterly*, 2002, 12 (2): 107 – 111.

[82] Donaldson T., Preston L. E. The Stakeholder Theory of the Corporation: Concepts, Evidence, and Implications [J]. *The Academy of Management Review*, 1995, 20 (1): 65 – 91.

[83] Webster F. E. The rediscovery of the marketing concept [J]. *Business Horizons*, 1988, 31 (3): 0 – 39.

[84] Madsen P. M. Does corporate investment drive a race to the Bottom in environmental protection? a reexamination of the effect of environmental regulation on investment [J]. *Academy of Management Journal*, 2009, 52 (6): 1297 – 1318.

[85] Brammer S., Pavelin S. Building a good reputation [J]. *European Management Journal*, 2004, 22 (6): 704 – 713.

[86] 沈洪涛, 李余晓璐. 我国重污染行业上市公司环境信息披露现状分析 [J]. 证券市场导报, 2010 (6): 51 – 57.

[87] Zhu X., Zhang C. Reducing information asymmetry in the power industry: Mandatory and voluntary information disclosure regulations of sulfur dioxide emission [J]. *Energy Policy*, 2012, 45: 704-713.

[88] 解江凌. 我国中央企业社会责任信息披露实证研究 [D]. 北京: 北京交通大学, 2015.

[89] 杜枫艳. 我国企业环境信息披露问题研究 [D]. 北京: 中国财政科学研究院, 2016.

[90] 朱易捷. 我国上市公司环境信息披露的情况研究 [J]. 金融纵横, 2019 (8): 82-87.

[91] Deegan C., Gordon B. A study of the environmental disclosure practices of Australian corporations [J]. *Accounting and Business Research*, 1996, 26 (3): 187-199.

[92] Campbell, David. Legitimacy Theory or Managerial Reality Construction? Corporate Social Disclosure in Marks and Spencer Plc Corporate Reports, 1969-1997 [J]. *Accounting Forum*, 2000, 24 (1): 80-100.

[93] Campbell D. Intra-and intersectoral effects in environmental disclosures: evidence for legitimacy theory? [J]. *Business Strategy and the Environment*, 2003, 12 (6): 357-371.

[94] Bewley K., Li Y. Disclosure of environmental information by Canadian manufacturing companies: A voluntary disclosure perspective [J]. *Advances in Environmental Accounting and Management*, 2000, 1: 201-226.

[95] Richardson A. J., Welker M. Social disclosure, financial disclosure and the cost of equity capital [J]. *Accounting, Organizations and Society*, 2001, 26 (7): 597-616.

[96] Cho C. H., Patten D. M. The role of environmental disclosures as tools of legitimacy: A research note [J]. *Accounting, Organizations and Society*, 2007, 32 (7-8): 639-647.

[97] Zeng S. X., Xu X. D., Dong Z. Y. et al.. Towards corporate environmental information disclosure: An empirical study in China [J]. *Journal of Cleaner Production*, 2010, 18 (12): 1142 – 1148.

[98] Meng X. H., Zeng S. X., Shi J. J. et al.. The relationship between corporate environmental performance and environmental disclosure: An empirical study in China [J]. *Journal of Environmental Management*, 2014, 145: 357 – 367.

[99] 孟晓华. 企业环境信息披露的驱动机制研究 [D]. 上海：上海交通大学，2014.

[100] Hammond K., Miles S. Assessing quality assessment of corporate social reporting: UK perspectives [J]. *Accounting Forum*, 2004, 28 (6): 61 – 79.

[101] Ane P. An Assessment of the Quality of Environmental Information Disclosure of Corporation in China [J]. *Systems Engineering Procedia*, 2012, 5: 420 – 426.

[102] Leitoniene S., Sapkauskiene A. Quality of Corporate Social Responsibility Information [J]. *Procedia – Social and Behavioral Sciences*, 2015, 213: 334 – 339.

[103] 张正勇. 中国上市公司社会责任报告信息质量影响因素研究 [D]. 成都：西南财经大学，2011.

[104] Ji L., Zhang Z., Mao H. To build up a quality characteristics system of corporate social responsibility information – Based on a questionnaire of information users [J]. *Accounting Research*, 2013 (1): 50 – 56.

[105] 沈洪涛，冯杰. 舆论监督、政府监管与企业环境信息披露 [J]. 会计研究，2012 (2): 72 – 78.

[106] 李强，冯波. 环境规制、政治关联与环境信息披露质量——基于重污染上市公司经验证据 [J]. 经济与管理，2015，29 (4): 58 – 66.

[107] Meng X. H., Zeng S. X., Tam C. M. From Voluntarism to Regulation: A Study on Ownership, Economic Performance and Corporate Environmental Information Disclosure in China [J]. *Journal of Business Ethics*, 2013, 116 (1): 217–232.

[108] Suchman M. C. Managing Legitimacy: Strategic and Institutional Approaches. [J]. *Academy of Management Review*, 1995, 20 (3): 571–610.

[109] Zimmerman M. A., Zeitz G. J. Beyond survival: Achieving new venture growth by building legitimacy [J]. *Academy of Management Review*, 2002, 27: 414–431.

[110] Ramanathan K. V. Toward a Theory of Corporate Social Accounting [J]. *Accounting Review*, 1976, 51 (3): 516–528.

[111] Scott W. R. The Adolescence of Institutional Theory [J]. *Administrative Science Quarterly*, 1987, 32 (4): 493–511.

[112] 陈扬, 许晓明, 谭凌波. 组织制度理论中的"合法性"研究述评 [J]. 华东经济管理, 2012, 26 (10): 137–142.

[113] Oliver C. Strategic Responses to Institutional Processes [J]. *Academy of Management Review*, 1991, 16: 179–245.

[114] Spar D. L., La Mure L. T. The power of activism: Assessing the impact of NGOs on global business [J]. *California Management Review*, 2003, 45 (3): 78–101.

[115] Mamman A. The adoption and modification of management ideas in organizations: towards an analytical framework [J]. *Strategic Change*, 2002, 11: 379–389.

[116] Lindblom C. K. The implications of organizational legitimacy for corporate social performance and disclosure [C]//Critical perspectives on accounting conference. New York, America: 1994.

[117] Deegan C., Rankin M., Voght P. Firms' Disclosure Reactions to

Major Social Incidents: Australian Evidence [J]. *Accounting Forum*, 2000, 24 (1): 101 – 130.

[118] De Villiers C., Van Staden C. J. Can less environmental disclosure have a legitimising effect? Evidence from Africa [J]. *Accounting, Organizations and Society*, 2006, 31 (8): 763 – 781.

[119] 毛江华, 戴鑫. 组织合法性理论视角下强制性与自愿性环境披露对比研究 [J]. 生态经济, 2011 (3): 37 – 39.

[120] 沈洪涛, 苏亮德. 企业信息披露中的模仿行为研究——基于制度理论的分析 [J]. 南开管理评论, 2012, 15 (3): 82 – 90.

[121] Clarkson P. M., Li Y., Richardson G. D. et al.. Revisiting the relation between environmental performance and environmental disclosure: An empirical analysis [J]. *Accounting, Organizations and Society*, 2008, 33 (4): 303 – 327.

[122] De Villiers C., Van Staden C. J. Shareholders' requirements for corporate environmental disclosures: A cross country comparison [J]. *British Accounting Review*, 2010, 42 (4): 227 – 240.

[123] Campbell D., Craven B., Shrives P. Voluntary social reporting in three FTSE sectors: a comment on perception and legitimacy [J]. *Accounting, Auditing & Accountability Journal*, 2003, 16 (4): 558 – 581.

[124] Cormier D., Magnan M., Van Velthoven B. Environmental disclosure quality in large German companies: Economic incentives, public pressures or institutional conditions? [J]. *European Accounting Review*, 2005, 14 (1): 3 – 39.

[125] Freedman M., Jaggi B. Global warming, commitment to the Kyoto protocol, and accounting disclosures by the largest global public firms from polluting industries [J]. *International Journal of Accounting*, 2005, 40 (3): 215 – 232.

［126］Frost G. R. The introduction of mandatory environmental reporting guidelines: Australian evidence［J］. *Abacus*, 2007, 43 (2): 190 – 216.

［127］Patten D. M. Intra-industry environmental disclosures in response to the Alaskan oil spill: A note on legitimacy theory［J］. *Accounting, Organizations and Society*, 1992, 17 (5): 471 – 475.

［128］Walden W. D., Schwartz B. N. Environmental disclosures and public policy pressure［J］. *Journal of Accounting and Public Policy*, 1997, 16 (2): 125 – 154.

［129］Brown N., Deegan C. The public disclosure of environmental performance information – A dual test of media agenda setting theory and legitimacy theory［J］. *Accounting and Business Research*, 1998, 29 (1): 21 – 41.

［130］Brammer S., Pavelin S. Factors influencing the quality of corporate environmental disclosure［J］. *Business Strategy and the Environment*, 2008, 17 (2): 120 – 136.

［131］Aerts W., Cormier D. Media legitimacy and corporate environmental communication［J］. *Accounting, Organizations and Society*, 2009, 34 (1): 1 – 27.

［132］李朝芳. 环境责任、组织变迁与环境会计信息披露——一个基于合法性理论的规范研究框架［J］. 经济与管理研究, 2010 (5): 117 – 123.

［133］杨熠, 李余晓璐, 沈洪涛. 绿色金融政策、公司治理与企业环境信息披露——以502家重污染行业上市公司为例［J］. 财贸研究, 2011, 22 (5): 131 – 139.

［134］陈华, 王海燕, 陈智. 公司特征与碳信息自愿性披露——基于合法性理论的分析视角［J］. 会计与经济研究, 2013, 27 (4): 30 – 42.

［135］肖华, 李建发, 张国清. 制度压力、组织应对策略与环境信息披露［J］. 厦门大学学报 (哲学社会科学版), 2013 (3): 33 – 40.

［136］王建明. 环境信息披露、行业差异和外部制度压力相关性研

究——来自我国沪市上市公司环境信息披露的经验证据[J]. 会计研究，2008（6）：54-62.

[137] 毕茜，彭珏，左永彦. 环境信息披露制度、公司治理和环境信息披露[J]. 会计研究，2012（7）：39-47.

[138] 姚圣，李诗依. 环境信息披露具有处罚效应吗？[J]. 经济与管理，2017，31（2）：68-75.

[139] 郑建明，许晨曦. "新环保法"提高了企业环境信息披露质量吗？——一项准自然实验[J]. 证券市场导报，2018（8）：4-11.

[140] 包群，邵敏，杨大利. 环境管制抑制了污染排放吗？[J]. 经济研究，2013，48（12）：42-54.

[141] 马军. 上市公司环境信息披露障碍何在？[J]. 环境保护，2010（21）：25-27.

[142] 肖华，张国清. 公共压力与公司环境信息披露——基于"松花江事件"的经验研究[J]. 会计研究，2008，5：15-22.

[143] 潘妙丽，陈峥嵘，刘源. 环境信息披露质量及其经济后果研究——来自环境"污染门"及配对公司的实证证据[J]. 会计与经济研究，2012，26（3）：19-27.

[144] 李大元，黄敏，周志方. 组织合法性对企业碳信息披露影响机制研究——来自CDP中国100的证据[J]. 研究与发展管理，2016，28（5）：44-54.

[145] Li D., Huang M., Ren S. et al.. Environmental Legitimacy, Green Innovation, and Corporate Carbon Disclosure: Evidence from CDP China 100 [J]. *Journal of Business Ethics*, *Springer Netherlands*, 2018, 150 (4): 1089-1104.

[146] 倪恒旺，李常青，魏志华. 媒体关注、企业自愿性社会责任信息披露与融资约束[J]. 山西财经大学学报，2015，37（11）：77-88.

[147] 张同斌. 提高环境规制强度能否"利当前"并"惠长远"[J].

财贸经济, 2017, 38 (3): 116 – 130.

[148] Leary M. R., Kowalski R. M. Impression Management: A Literature Review and Two – Component Model [J]. *Psychological Bulletin*, 1990, 107 (1): 34 – 47.

[149] 孙蔓莉. 论上市公司信息披露中的印象管理行为 [J]. 会计研究, 2004 (3): 40 – 45.

[150] Elsbach K. D., Sutton R. I., Principe K. E. Averting Expected Challenges Through Anticipatory Impression Management: A Study of Hospital Billing [J]. *Organization Science*, 1998, 9 (1): 68 – 86.

[151] Mohamed A. A., Gardner W. L., Paolillo J. G. P. A taxonomy of organizational impression management tactics [J]. *Advances in Competitiveness Research*, 1999, 7 (1): 108 – 130.

[152] Bolino M. C., Varela J. A., Bande B. et al.. The impact of impression-management tactics on supervisor ratings of organizational citizenship behavior [J]. *Journal of Organizational Behavior*, 2006, 27 (3): 281 – 297.

[153] Tyler J. M., Connaughton S. L., Desrayaud N. et al.. Organizational Impression Management: Utilizing Anticipatory Tactics [J]. *Basic and Applied Social Psychology*, 2012, 34 (4): 336 – 348.

[154] Aboody D., Kasznik R. CEO stock option awards and the timing of corporate voluntary disclosures [J]. *Journal of Accounting and Economics*, 2000, 29 (1): 73 – 100.

[155] Clatworthy M., Jones M. J. Financial reporting of good news and bad news: Evidence from accounting narratives [J]. *Accounting and Business Research*, 2003, 33 (3): 171 – 185.

[156] Clatworthy M. A., Jones M. J. Differential patterns of textual characteristics and company performance in the chairman's statement [J]. *Accounting, Auditing and Accountability Journal*, 2006, 19 (4): 493 – 511.

[157] 王雄元, 王永. 上市公司信息披露策略的理论基础 [J]. 审计与经济研究, 2006, 21 (2): 84 – 87.

[158] 赵敏. 上市公司自愿性信息披露中的印象管理行为分析 [J]. 当代财经, 2007 (3): 117 – 119.

[159] Steinbart P. J. The Auditor's Responsibility for the Accuracy of Graphs in Annual Reports: Some Evidence of the Need for Additional Guidance [J]. *Accounting Horizons*, 1989, 3 (3): 60.

[160] Adelberg A. H. Narrative Disclosures Contained in Financial Reports: Means of Communication or Manipulation? [J]. *Accounting and Business Research*, 1979, 9 (35): 179 – 190.

[161] Hooghiemstra R. Corporate Communication and Impression Management – New Perspectives Why Companies Engage in Corporate Social Reporting [J]. *Journal of Business Ethics*, 2000, 27 (1 – 2): 55 – 68.

[162] Mckinstry S. Designing the annual reports of Burton PLC from 1930 to 1994 [J]. *Accounting, Organizations and Society*, 1996, 21 (1): 89 – 111.

[163] Salancik G. R., Meindl J. R. Corporate Attributions as Strategic Illusions of Management Control [J]. *Administrative Science Quarterly*, 1984, 29: 238 – 254.

[164] Li F.. Annual report readability, current earnings, and earnings persistence [J]. *Journal of Accounting and Economics*, 2008, 45 (3): 221 – 247.

[165] Lehavy R., Li F., Merkley K. The effect of annual report readability on analyst following and the properties of their earnings forecasts [J]. *The Accounting Review*, 2011, 86 (3): 1087 – 1115.

[166] Wang Z., Hsieh T. S., Sarkis J. CSR Performance and the Readability of CSR Reports: Too Good to be True? [J]. *Corporate Social Responsibility and Environmental Management*, 2018, 25 (1): 66 – 79.

[167] 阎达五, 孙蔓莉. 深市 B 股发行公司年度报告可读性特征研究 [J]. 会计研究, 2002 (5): 10-17.

[168] Baker H. E., Kare D. D. Relationship Between Annual Report Readability and Corporate Financial Performance [J]. *Management Research News*, 1992, 15 (1): 1-4.

[169] 黄艺翔, 姚铮. 企业社会责任报告、印象管理与企业业绩 [J]. 经济管理, 2016, 38 (1): 105-115.

[170] Courtis J. K. Corporate report obfuscation: Artefact or phenomenon? [J]. *British Accounting Review*, 2004, 36 (3): 291-362.

[171] Bakar A. S. A., Ameer R. Readability of Corporate Social Responsibility Communication in Malaysia [J]. *Corporate Social Responsibility and Environmental Management*, 2011, 18 (1): 50-60.

[172] Talbot D., Boiral O. GHG reporting and impression management: An assessment of sustainability reports from the energy sector [J]. *Journal of Business Ethics*, 2018, 147 (2): 367-383.

[173] Cho C. H., Roberts R. W., Patten D. M. The language of US corporate environmental disclosure [J]. *Accounting, Organizations and Society*, 2010, 35 (4): 431-443.

[174] Davis A. K., Piger J. M, Sedor L. M. Beyond the Numbers: Measuring the Information Content of Earnings Press Release Language [J]. *Contemporary Accounting Research*, 2012, 29: 845-868.

[175] Jones M. J. The nature, use and impression management of graphs in social and environmental accounting [J]. *Accounting Forum*, 2011 (35): 75-89.

[176] Cho C. H., Michelon G., Patten D. M. Impression management in sustainability reports: An empirical investigation of the use of graphs [J]. *Accounting and the Public Interest*, 2012, 12 (1): 16-37.

[177] Boiral O. Sustainability reports as simulacra? A counter-account of A and A + GRI reports [J]. *Accounting, Auditing & Accountability Journal*, 2013, 26 (7): 1036 – 1071.

[178] Cho C. H., Michelon G., Patten D. M. Enhancement and obfuscation through the use of graphs in sustainability reports: An international comparison [J]. *Sustainability Accounting, Management and Policy Journal*, 2012, 3 (1): 74 – 88.

[179] Huang P. H. Moody Investing and the Supreme Court: Rethinking the Materiality of Information and the Reasonableness of Investors [J]. *Supreme Court Economic Review*, 2005, 13 (1): 99 – 131.

[180] Courtis J. K. Colour as visual rhetoric in financial reporting [J]. *Accounting Forum*, 2004, 28 (3): 265 – 281.

[181] 孟鑫. 基于印象管理视角的企业社会责任报告可读性研究 [D]. 成都：西南财经大学，2012.

[182] 杨洁，郭立宏. 负面报道后国企和民企间接印象管理策略比较研究：基于"双组件"模型的分析 [J]. 管理评论，2017，29 (12)：127 – 140.

[183] 黄溶冰，陈伟，王凯慧. 外部融资需求、印象管理与企业漂绿 [J]. 经济社会体制比较，2019 (3)：91 – 93.

[184] 袁莹. 印象管理视阈下 MD&A 文本掩饰研究 [D]. 上海：华东师范大学，2018.

[185] 魏哲. 管理层业绩预告更正：软信息与其资本市场影响 [D]. 北京：清华大学，2017.

[186] Lang M. H., Lins K. V., Miller D. P. ADRs, Analysts, and Accuracy: Does Cross Listing in the United States Improve a Firm's Information Environment and Increase Market Value? [J]. *Journal of Accounting Research*, 2003, 41 (2): 317 – 345.

[187] Schadewitz H., Niskala M. Communication via responsibility reporting and its effect on firm value in Finland [J]. *Corporate Social Responsibility and Environmental Management*, 2010, 17 (2): 96 – 106.

[188] Carnevale C., Mazzuca M. Sustainability report and bank valuation: Evidence from European stock markets [J]. *Business Ethics*, 2014, 23 (1): 69 – 90.

[189] Yu E. P. yi, Guo C. Q., Luu B. Van. Environmental, social and governance transparency and firm value [J]. *Business Strategy and the Environment*, 2018, 27 (7): 987 – 1004.

[190] Taylor J., Vithayathil J., Yim D. Are corporate social responsibility (CSR) initiatives such as sustainable development and environmental policies value enhancing or window dressing? [J]. *Corporate Social Responsibility and Environmental Management*, 2018, 25 (5): 971 – 980.

[191] Al – Tuwaijri S. A., Christensen T. E., Hughes K. E. The relations among environmental disclosure, environmental performance, and economic performance: a simultaneous equations approach [J]. *Accounting, Organizations and Society*, 2004, 29 (5): 447 – 471.

[192] Botosan C. A., Plumlee M. A., Wen H. The Relation between Expected Returns, Realized Returns, and Firm Risk Characteristics [J]. *Contemporary Accounting Research*, 2011, 28 (4): 1085 – 1122.

[193] Mobus J. L. *Mandatory Environmental Disclosures in A Legitimacy Theory Context* [M]. Accounting, Auditing & Accountability Journal, 2005, 18 (4).

[194] Hassel L., Nilsson H., Nyquist S. The Value Relevance of Environmental Performance [J]. *European Accounting Review*, 2005, 14 (1): 41 – 61.

[195] Hahn R., Kühnen M. Determinants of sustainability reporting: A review of results, trends, theory, and opportunities in an expanding field of re-

search [J]. *Journal of Cleaner Production*, 2013, 59 (15): 5 – 21.

[196] Jones S., Frost G., Loftus J. et al.. An Empirical Examination of the Market Returns and Financial Performance of Entities Engaged in Sustainability Reporting [J]. *Australian Accounting Review*, 2007, 17 (1): 78 – 87.

[197] Cho C. H., Michelon G., Patten D. M. et al.. CSR disclosure: the more things changes? [J]. *Accounting, Auditing and Accountability Journal*, 2015, 28 (1): 14 – 35.

[198] Wang M. C. The relationship between environmental information disclosure and firm valuation: the role of corporate governance [J]. *Quality and Quantity*, 2016, 50 (3): 1135 – 1151.

[199] Cooper S. A., Raman K. K., Yin J. Halo effect or fallen angel effect? Firm value consequences of greenhouse gas emissions and reputation for corporate social responsibility [J]. *Journal of Accounting and Public Policy*, 2018, 37 (3): 226 – 240.

[200] Cormier D., Magnan M. The revisited contribution of environmental reporting to investors' valuation of a firm's earnings: An international perspective [J]. *Ecological Economics*, 2007, 62 (3): 613 – 626.

[201] Goettsche M., Steindl T., Gietl S. Do Customers Affect the Value Relevance of Sustainability Reporting? Empirical Evidence on Stakeholder Interdependence [J]. *Business Strategy and the Environment*, 2016, 25 (3): 149 – 164.

[202] Verbeeten F. H. M., Gamerschlag R., Möller K. Are CSR disclosures relevant for investors? Empirical evidence from Germany [J]. *Management Decision*, 2016, 54 (6): 1359 – 1382.

[203] Hassan O. A. G. The impact of voluntary environmental disclosure on firm value: Does organizational visibility play a mediation role? [J]. *Business Strategy and the Environment*, 2018, 27 (8): 1569 – 1582.

[204] 李正. 企业社会责任与企业价值的相关性研究: 来自沪市上市公司的经验证据 [J]. 中国工业经济, 2006 (2): 77-83.

[205] 吕备, 李亚男. 从系统管理视角看环境信息披露与企业价值的关系 [J]. 系统科学学报, 2020, 28 (2): 123-128.

[206] 常凯. 环境信息披露对财务绩效的影响: 基于中国重污染行业截面数据的实证分析 [J]. 财经论丛, 2015 (1): 71-77.

[207] 李世辉, 何绍丽, 曾辉祥. 水信息披露、机构投资者异质性与企业价值: 来自我国 A 股制造业上市公司的经验证据 [J]. 湖南大学学报 (社会科学版), 2018, 32 (4): 79-86.

[208] 唐国平, 李龙会. 环境信息披露、投资者信心与公司价值——来自湖北省上市公司的经验证据 [J]. 中南财经政法大学学报, 2011 (6): 70-77.

[209] 郑军. 上市公司价值信息披露的经济后果研究 [J]. 中国软科学, 2012 (11): 100-110.

[210] 刘想, 刘银国. 社会责任信息披露与企业价值关系研究: 基于公司治理视角的考察 [J]. 经济学动态, 2014 (11): 89-97.

[211] 李宏伟. 媒体监督、环境信息披露与公司价值研究 [D]. 徐州: 中国矿业大学, 2016.

[212] 李雪婷, 宋常, 郭雪萌. 碳信息披露与企业价值相关性研究 [J]. 管理评论, 2017, 29 (12): 175-184.

[213] 周叶. 我国钢铁行业上市公司环境信息披露水平与企业价值相关性研究 [D]. 南京: 南京航空航天大学, 2019.

[214] 张祝浩. 重污染企业环境信息披露与企业价值关系研究 [D]. 上海: 上海外国语大学, 2019.

[215] Healy P. M., Hutton A. P., Palepu K. G. Stock Performance and Intermediation Changes Surrounding Sustained Increases in Disclosure [J]. *Contemporary Accounting Research*, 1999, 16 (3): 485-520.

[216] Rajgopal S. , Venkatachalam M. Financial reporting quality and idiosyncratic return volatility [J]. *Journal of Accounting and Economics*, 2011, 51: 1 - 20.

[217] Orsato R. J. Competitive environmental strategies: When does it pay to be GREEN? [J]. *California Management Review*, 2006, 48 (2): 127 - 143.

[218] Sami H. , Zhou H. The economic consequences of increased disclosure: Evidence from cross-listings of Chinese firms [J]. *Journal of International Financial Management and Accounting*, 2008, 19 (1): 1 - 27.

[219] Bailey W. , Karolyi G. A. , Salva C. The economic consequences of increased disclosure: Evidence from international cross-listings [J]. *Journal of Financial Economics*, 2006, 81 (1): 175 - 213.

[220] 李强, 李恬. 产品市场竞争、环境信息披露与企业价值 [J]. 经济与管理, 2017, 31 (4): 58 - 76.

[221] 程新生, 熊凌云, 彭涛. 信息披露行为差异的经济后果——基于市场反应、股票交易量及股票收益波动性实证研究 [J]. 系统工程, 2015, 33 (10): 98 - 107.

[222] Botosan C. A. , Plumlee M. A. A Re-examination of Disclosure Level and the Expected Cost of Equity Capital [J]. *Journal of Accounting Research*, 2002, 40 (1): 21 - 40.

[223] 李姝, 赵颖, 童婧. 社会责任报告降低了企业权益资本成本吗? [J]. 会计研究, 2013 (9): 64 - 70.

[224] Déjean F. , Martinez I. Environmental Disclosure and the Cost of Equity: The French Case [J]. *Accounting in Europe*, 2009, 6 (1): 57 - 80.

[225] Bharath S. T. , Sunder J. , Sunder S. V. Accounting Quality and Debt Contracting [J]. *The Accounting Review*, 2008, 83 (1): 1 - 28.

[226] Goss A. , Roberts G. S. The impact of corporate social responsibility

on the cost of bank loans [J]. *Journal of Banking and Finance*, 2011, 35 (7): 1794 – 1810.

[227] Attig N., Ei Ghoul S., Guedhami O. et al.. Corporate Social Responsibility and Credit Ratings [J]. *Journal of Business Ethics*, 2013, 117 (4): 679 – 694.

[228] 郑若娟, 肖红军, 铉率. 企业社会责任信息披露的资本成本效应 [J]. 经济与管理研究, 2015, 36 (3): 136 – 144.

[229] 肖翔, 贾丽桓, 赵天骄. 社会责任信息披露与融资成本 [J]. 北京工商大学学报 (社会科学版), 2019, 34 (5): 69 – 80.

[230] 陈益云, 林晚发. 承担社会责任越多, 企业发债时信用评级就越高吗？——中国上市公司数据的检验 [J]. 现代财经, 2017, 37 (6): 101 – 113.

[231] 王晓颖, 肖忠意, 廖元和. 上市公司履行企业社会责任水平与银行债务融资能力的提升 [J]. 改革, 2018 (7): 108 – 115.

[232] 蔡佳楠, 李志青, 蒋平. 上市公司环境信息披露对银行信贷影响的实证研究 [J]. 中国人口·资源与环境, 2018, 28 (7): 121 – 124.

[233] 高宏霞, 朱海燕, 孟樊俊. 环境信息披露质量影响债务融资成本吗？——来自我国环境敏感型行业上市公司的经验证据 [J]. 南京审计大学学报, 2018, 15 (6): 20 – 28.

[234] 王建玲, 李玥婷, 吴璇. 企业社会责任报告与债务资本成本——来自中国 A 股市场的经验证据 [J]. 山西财经大学学报, 2016, 38 (7): 113 – 124.

[235] 李姝, 谢晓嫣. 民营企业的社会责任、政治关联与债务融资——来自中国资本市场的经验证据 [J]. 南开管理评论, 2014, 17 (6): 30 – 40.

[236] 钱明, 徐光华, 沈弋. 社会责任信息披露、会计稳健性与融资约束——基于产权异质性的视角 [J]. 会计研究, 2016 (5): 9 – 17.

[237] 赵良玉，阮心怡，刘芬芬. 社会责任信息披露对企业融资成本的影响——基于我国上市公司的经验证据 [J]. 贵州财经大学学报，2017 (6)：40-52.

[238] 武恒光，王守海. 债券市场参与者关注公司环境信息吗？——来自中国重污染上市公司的经验证据 [J]. 会计研究，2016 (9)：68-74.

[239] 高红贵. 现代企业社会责任履行的环境信息披露研究——基于"生态社会经济人"假设视角 [J]. 会计研究，2010 (12)：29-33.

[240] Dye R. A. Disclosure of Nonproprietary Information [J]. *Journal of Accounting Research*，1985，23 (1)：123-145.

[241] Verrecchia R. E. Discretionary disclosure [J]. *Journal of Accounting and Economics*，1983 (5)：179-194.

[242] Clarkson P. M.，Li Y.，Richardson G. D. The market valuation of environmental capital expenditures by pulp and paper companies [J]. *Accounting Review*，2004，79 (2)：329-353.

[243] Montabon F.，Sroufe R.，Narasimhan R. An examination of corporate reporting，environmental management practices and firm performance [J]. *Journal of Operations Management*，2007，25 (5)：998-1014.

[244] Chen L.，Tang O.，Feldmann A. Applying GRI reports for the investigation of environmental management practices and company performance in Sweden，China and India [J]. *Journal of Cleaner Production*，2015，98 (1)：36-46.

[245] Zhou T.，Xie J.，Li X. Financial reporting quality and idiosyncratic return volatility：evidence from China [J]. *Emerging Markets Finance and Trade*，2017，53 (4)：835-847.

[246] 徐辉，周孝华. CSR 信息披露质量与现金持有决策 [J]. 审计与经济研究，2019 (5)：75-84.

[247] Parsa S.，Deng L. X. Capital markets' reactions to social information

announcements [J]. *International Journal of Accounting and Finance*, 2008, 1 (1): 107-120.

[248] 陈玉清, 马丽丽. 我国上市公司社会责任会计信息市场反应实证分析 [J]. 会计研究, 2005 (11): 76-81.

[249] Gupta S., Goldar B. Do stock markets penalize environment-unfriendly behaviour? Evidence from India [J]. *Ecological Economics*, 2005, 52 (1): 81-95.

[250] Karpoff J. M., Lott J. R., Wehrly E. W. The reputational penalties for environmental violations: empirical evidence [J]. *The Journal of Law and Economics*, 2005, 48 (2): 653-675.

[251] Lundgren T., Olsson R. Environmental incidents and firm value-international evidence using a multi-factor event study framework [J]. *Applied Financial Economics*, 2010, 20 (16): 1293-1307.

[252] Ramiah V., Martin B., Moosa I. How does the stock market react to the announcement of green policies? [J]. *Journal of Banking and Finance*, 2013, 37 (5): 1747-1758.

[253] 沈红波, 谢越, 陈峥嵘. 企业的环境保护、社会责任及其市场效应——基于紫金矿业环境污染事件的案例研究 [J]. 中国工业经济, 2012 (1): 141-151.

[254] 王遥, 李哲媛. 我国股票市场的绿色有效性——基于2003-2012年环境事件市场反应的实证分析 [J]. 财贸经济, 2013, 2: 37-48.

[255] Huang H., Wu D., J. G. Chinese shareholders' reaction to the disclosure of environmental violations: A CSR perspective [J]. *International Journal of Corporate Social Responsibility*, 2017, 2 (1): 12.

[256] 唐松, 施文, 孙安其. 环境污染曝光与公司价值: 理论机制与实证检验 [J]. 金融研究, 2019 (8): 133-150.

[257] Xu X. D., Zeng S. X., Zou H. L. et la.. The impact of corporate

environmental violation on shareholders' wealth: A perspective taken from media coverage [J]. *Business Strategy and the Environment*, 2016, 25 (2): 73 - 91.

[258] Jones K., Rubin P. H. Effects of harmful environmental events on reputations of firms [J]. *Advances in Financial Economics*, 2001 (6): 161 - 182.

[259] Zou H. L., Zeng S. X., Zhang X. L. et al.. The intra-industry effect of corporate environmental violation: An exploratory study [J]. *Journal of Cleaner Production*, 2015, 107: 428 - 437.

[260] Zhe O., Wei J., Zhao D. Stock market's reaction to self-disclosure of work safety accidents: An empirical study in China [J]. *Quality and Quantity*, 2017, 51 (4): 1611 - 1626.

[261] Chen Y., Zhu S., Wang Y. Corporate fraud and bank loans: Evidence from china [J]. *China Journal of Accounting Research*, 2011, 4 (3): 155 - 165.

[262] 吕峻, 焦淑艳. 环境披露、环境绩效和财务绩效关系的实证研究 [J]. 山西财经大学学报, 2011 (1): 109 - 116.

[263] 陈运森, 王汝花. 产品市场竞争、公司违规与商业信用 [J]. 会计与经济研究, 2014, 28 (5): 26 - 40.

[264] Zhou X., Reesor R. M. Misrepresentation and capital structure: Quantifying the impact on corporate debt value [J]. *Journal of Corporate Finance*, 2015 (34): 293 - 310.

[265] 张平淡, 张艾嘉. 环境处罚能否真正影响企业价值？[J]. 黑龙江社会科学, 2018 (6): 42 - 45.

[266] 甘顺利. 金融市场监管: 经济处罚与声誉损失 [J]. 投资研究, 2013, 32 (4): 81 - 88.

[267] Johnson W. C., Xie W., Yi S. Corporate fraud and the value of

reputations in the product market [J]. *Journal of Corporate Finance*, 2014, 25: 16 – 39.

[268] 朱冠东, 沈维涛. 上市公司违规处罚有效性研究 [J]. 商业研究, 2011 (8): 101 – 106.

[269] 马晓敏. 行政处罚对中国商业银行业绩的影响研究 [J]. 云南财经大学学报, 2019, 35 (10): 94 – 103.

[270] Guttman I., Kadan O., Kandel E. A Rational Expectations Theory of Kinks in Financial Reporting [J]. *The Accounting Review*, 2006, 81 (4): 811 – 848.

[271] De Villiers C., Van Staden C. J. Where firms choose to disclose voluntary environmental information [J]. *Journal of Accounting and Public Policy*, 2011, 30 (6): 504 – 525.

[272] Van Der Laan Smith J., Adhikari A., Tondkar R. H. Exploring differences in social disclosures internationally: A stakeholder perspective [J]. *Journal of Accounting and Public Policy*, 2005, 24 (2): 123 – 151.

[273] Haniffa R. M., Cooke T. E. The impact of culture and governance on corporate social reporting [J]. *Journal of Accounting and Public Policy*, 2005, 24 (5): 391 – 430.

[274] Milne M. J., Patten D. M. Securing organizational legitimacy: An experimental decision case examining the impact of environmental disclosures [J]. *Accounting, Auditing & Accountability Journal*, 2002, 15 (3): 372 – 405.

[275] Cormier D., Magnan M. The Economic Relevance of Environmental Disclosure and its Impact on Corporate Legitimacy: An Empirical Investigation [J]. *Business Strategy and the Environment*, 2015, 24 (6): 431 – 450.

[276] Baginski S. P., Hassell J. M., Hillison W. A. Voluntary causal disclosures: Tendencies and capital market reaction [J]. *Review of Quantitative*

Finance and Accounting, 2000, 15 (4): 371 – 389.

[277] Barton J. , Mercer M. To blame or not to blame: Analysts' reactions to external explanations for poor financial performance [J]. *Journal of Accounting and Economics*, 2005, 39 (3): 509 – 533.

[278] Schrand C. M. , Walther B. R. Strategic benchmarks in earnings announcements: The selective disclosure of prior-period earnings components [J]. *Accounting Review*, 2000, 75 (2): 151 – 177.

[279] Lang M. H. , Lundholm R. J. Voluntary Disclosure and Equity Offerings: Reducing Information Asymmetry or Hyping the Stock? [J]. *Contemporary Accounting Research*, 2000, 17 (4): 663 – 669.

[280] Rutherford B. A. Obfuscation, textual complexity and the role of regulated narrative accounting disclosure in corporate governance [J]. *Journal of Management and Governance*, 2003, 7 (2): 187 – 210.

[281] Matsumoto D. , Pronk M. , Roelofsen E. What makes conference calls useful? The information content of managers' presentations and analysts' discussion sessions [J]. *Accounting Review*, 2011, 86 (4): 1383 – 1414.

[282] Elsbach K. , Sutton R. Acquiring Organizational Legitimacy through Illegitimate Actions: A Marriage of Institutional and Impression Management Theories [J]. *The Academy of Management Journal*, 1992, 35 (4): 699 – 738.

[283] Darnall N. , Henriques I. , Sadorsky P. Adopting Proactive Environmental Strategy: The Influence of Stakeholders and Firm Size [J]. *Journal of Management Studies*, 2010, 47 (6): 1072 – 1094.

[284] Scalet S. , Kelly T. F. CSR rating agencies: What is their global impact? [J]. *Journal of Business Ethics*, 2010, 94 (1): 69 – 88.

[285] Lee K. , Oh W – Y, Kim N. Social Media for Socially Responsible Firms: Analysis of Fortune 500's Twitter Profiles and their CSR/CSIR Ratings

[J]. *Journal of Business Ethics*, 2013, 118 (4): 791-806.

[286] Gray R., Javad M., Power D. M. et al.. Social and environmental disclosure and corporate characteristics: A research note and extension [J]. *Journal of Business Finance and Accounting*, 2001, 28 (3-4): 327-356.

[287] Patten D. M. The Relation between Environmental Performance and Environmental Disclosure: A Research Note [J]. *Accounting, Organizations and Society*, 2002, 27 (8): 763-773.

[288] Liu X., V. Anbumozhi. Determinant factors of corporate environmental information disclosure: an empirical study of Chinese listed companies [J]. *Journal of Cleaner Production*, 2009, 17 (6): 593-600.

[289] Zeng S. X., Tam C. M., Deng Z. M. et al.. ISO 14000 and the Construction Industry: Survey in China [J]. *Journal of Management in Engineering*, 2003, 19 (3): 107-115.

[290] Kim Y., Park M. S., Wier B. Is earnings quality associated with corporate social responsibility? [J]. *Accounting Review*, 2012, 87 (3): 761-796.

[291] Hemingway C. A., Maclagan P. W. Managers' Personal Values as Drivers of Corporate Social Responsibility [J]. *Journal of Business Ethics*, 2004, 50 (1): 33-44.

[292] Rupley K. H., Brown D., Marshall R. S. Governance, media and the quality of environmental disclosure [J]. *Journal of Accounting and Public Policy*, 2012, 31 (6): 610-640.

[293] Li Q., Ruan W., Shao W. et al.. Information disclosure in an environmental emergency [J]. *Disaster Prevention and Management*, 2017, 26 (2): 134-147.

[294] Petersen M. A. Estimating standard errors in finance panel data sets: Comparing approaches [J]. *Review of Financial Studies*, 2009, 22

(1): 435 – 480.

[295] Wang F., Xu L., Guo F. et al.. Loan Guarantees, Corporate Social Responsibility Disclosure and Audit Fees: Evidence from China [J]. *Journal of Business Ethics*, 2019: 1 – 17.

[296] Cormier D., Magnan M. Corporate Environmental Disclosure Strategies: Determinants, Costs and Benefits [J]. *Journal of Accounting, Auditing & Finance*, 1999, 14 (4): 429 – 451.

[297] Fisher I. N., Hall G. R. Risk and Corporate Rates of Return [J]. *The Quarterly Journal of Economics*, 1969, 83: 79 – 82.

[298] Easley D., O'Hara M. Information and the Cost of Capital Information and the Cost of Capital [J]. *The Journal of Finance*, 2004, 59 (4): 1553 – 1583.

[299] 姚立杰, 付方佳, 程小可. 企业避税、债务融资能力和债务成本 [J]. 中国软科学, 2018 (10): 117 – 135.

[300] 倪娟. 环境信息披露对银行信贷期限决策的影响——来自沪市重污染行业上市公司的经验证据 [J]. 财经论丛, 2016 (3): 37 – 45.

[301] Mohr L. A., Webb D. J. The effects of corporate social responsibility and price on consumer responses [J]. *Journal of Consumer Affairs*, 2005, 39 (1): 121 – 147.

[302] 毛新述, 叶康涛, 张頔. 上市公司权益资本成本的测度与评价——基于我国证券市场的经验检验 [J]. 会计研究, 2012 (11): 12 – 22.

[303] 李超. 权益资本成本估计方法的可靠性检验研究——基于中国资本市场数据的经验证据 [J]. 上海金融学院学报, 2011 (5): 78 – 88.

[304] Pittman J. A., Fortin S. Auditor choice and the cost of debt capital for newly public firms [J]. *Journal of Accounting and Economics*, 2004, 37 (1): 113 – 136.

[305] 蒋琰. 权益成本、债务成本与公司治理: 影响差异性研究 [J]. 管理世界, 2009 (11): 144-155.

[306] 王艺霖, 王爱群. 内控缺陷披露、内控审计与债务资本成本——来自沪市 A 股上市公司的经验证据 [J]. 中国软科学, 2014 (2): 150-160.

[307] 万寿义, 刘正阳. 制度背景、公司价值与社会责任成本——来自沪深 300 指数上市公司的经验证据 [J]. 南开管理评论, 2013, 16 (1): 83-91.

[308] 贾兴平, 刘益, 廖勇海. 利益相关者压力、企业社会责任与企业价值 [J]. 管理学报, 2016, 13 (2): 267-274.

[309] Beck A. C., Campbell D., Shrives P. J. Content analysis in environmental reporting research: Enrichment and rehearsal of the method in a British-German context [J]. *The British Accounting Review*, 2010, 42 (3): 207-222.

[310] 张正勇, 邓博夫. 社会责任报告鉴证会降低企业权益资本成本吗? [J]. 审计研究, 2017 (1): 98-104.

[311] 王亮亮, 潘俊, 林树. 资源依赖视角下研发强度对公司权益资本成本的影响研究 [J]. 管理评论, 2018, 30 (7): 52-63.

[312] 陆正飞, 叶康涛. 中国上市公司股权融资成本影响因素分析 [J]. 管理世界, 2004 (5): 127-131.

[313] Zhao X., Lynch J. G., Chen Q. Reconsidering Baron and Kenny: Myths and Truths about Mediation Analysis [J]. *Journal of Consumer Research*, 2010, 37 (2): 197-206.

[314] 温忠麟, 叶宝娟. 中介效应分析: 方法和模型发展 [J]. 心理科学进展, 2014, 22 (5): 731-745.

[315] 陈瑞, 郑毓煌, 刘文静. 中介效应分析: 原理、程序、Bootstrap 方法及其应用 [J]. 营销科学学报, 2014, 9 (4): 120-135.

[316] 桂爱勤. 上市公司违规行为的影响因素研究——基于中国 A 股市场的经验数据 [D]. 武汉:中南财经政法大学,2018.

[317] Shane P., Spicer B. Market response to environmental information produced outside the firm [J]. *Accounting Review*, 1983, 58 (3): 521 – 538.

[318] D. X. X., X. Z. S., M. T. C. Stock Market's Reaction to Disclosure of Environmental Violations: Evidence from China [J]. *Journal of Business Ethics*, 2012, 107 (2): 227 – 237.

[319] Claeys A. S., Cauberghe V. Crisis response and crisis timing strategies, two sides of the same coin [J]. *Public Relations Review*, 2012, 38 (1): 83 – 88.

[320] Fernández – Kranz D., Santaló J. When necessity becomes a virtue: the effect of product market competition on corporate social responsibility [J]. *Journal of Economics & Management Strategy*, 2010, 19 (2): 453 – 487.

[321] Arpan L. M., Roskos Ewoldsen D. R. Stealing thunder: Analysis of the effects of proactive disclosure of crisis information [J]. *Public Relations Review*, 2005, 31 (3): 425 – 433.

[322] Kuo L., Chen V. Y. J. Is environmental disclosure an effective strategy on establishment of environmental legitimacy for organization? [J]. *Management Decision*, 2013, 51 (7): 1462 – 1487.

[323] Yekini L. S., Wisniewski T. P., Millo Y. Market reaction to the positiveness of annual report narratives [J]. *British Accounting Review*, 2016, 48 (4): 415 – 430.

[324] Gonzalez – Herrero A., Pratt C. B. An Integrated Symmetrical Model for Crisis – Communications Management [J]. *Journal of Public Relations Research*, 1996, 8 (2): 79 – 105.

[325] Blacconiere W. G., Patten D. M. Environmental disclosures, regu-

latory costs, and changes in firm value [J]. *Journal of Accounting and Economics*, 1994, 18 (3): 357 – 377.

[326] Delaney L., Thijssen J. J. J. The impact of voluntary disclosure on a firm's investment policy [J]. *European Journal of Operational Research*, 2015, 242 (1): 232 – 242.

[327] Patten D. M., Nance J. R. Regulatory cost effects in a good news environment: The intra-industry reaction to the Alaskan oil spill [J]. *Journal of Accounting and Public Policy*, 1998, 17: 409 – 429.

[328] Reitenga A. L. Environmental regulation, capital intensity, and cross-sectional variation in market returns [J]. *Journal of Accounting and Public Policy*, 2000, 19 (2): 189 – 198.

[329] Ball R., Brown P. An empirical evaluation of accounting income numbers [J]. *Journal of Accounting Research*, 1968, 6 (2): 159 – 178.

[330] Godfrey P. C., Merrill C. B., Hansen J. M. The relationship between corporate social responsibility and shareholder value: an empirical test of the risk management hypothesis [J]. *Strategic Management Journal*, 2009, 30 (4): 425 – 445.

[331] Fama E. F., French K. R. The Cross – Section of Expected Stock Returns [J]. *Journal of Finance*, 1992, 47 (2): 427 – 465.

[332] 薛光, 吴琼, 陈克兢, 等. 不同类型负面事件对上市公司市场价值的损害差异 [J]. 技术经济, 2017, 36 (11): 119 – 127.

[333] 张肇中, 张莹. 基于事件研究法的食品药品召回冲击及其影响因素分析 [J]. 财经论丛, 2018 (2): 104 – 112.

[334] Jory S. R., Ngo T. N., Wang D. et al.. The market response to corporate scandals involving CEOs [J]. *Applied Economics*, 2015, 47 (17): 1723 – 1738.

[335] Yao S., Li S. Distance and government resource allocation: from

the perspective of environmental information disclosure policy change [J]. *Applied Economics*, 2018, 50 (54): 5893-5902.

[336] 许静静, 吕长江. 基于股利变更公告的股利信号效应研究 [J]. 南开管理评论, 2010, 13 (2): 90-96.

[337] 史金艳, 郭思芩, 李延喜. 现金股利发放与债券市场反应: 信号传递还是财富转移 [J]. 预测, 2019, 38 (5): 75-81.